글_ 박소희

인천 늘푸른어린이도서관 관장이다. 아이들에겐 똥관장이라 소개한다.
그러면 언제나 나이의 경계가 무너진다. 아이들에게 책을 읽어 주고 함
께 놀 때가 가장 행복하고 좋다. 책으로 빨려 들어오는 아이들의 눈과
마음을 읽다가 시간 가는 줄 몰랐다. 이런 재미난 책 읽는 공간을 동네
마다 만들면 얼마나 좋겠는가 이야기하고 다니다 현재는 (사)어린이와
작은도서관협회 이사장을 맡고 있다. 손재주도 없고 아는 것도 없으니
채워 주는 사람들이 너무 많았다. 그 덕에 20년을 넘게 작은도서관 한
길을 걸어가고 있다.

사진_ 전혜선

아이를 잘 키우기 위해 찾아간 작은도서관, 그곳에서 나의 이름을 찾았
다. 작은도서관에서 만난 사람과 책, 공간을 카메라 앵글에 담는 동안
행복한 미소를 찾은 나를 발견할 수 있었다. 작은도서관의 모습과 희망
을 앵글 안에 계속 담아가고 싶다.

우리 동네에는 작은도서관이 있습니다

© 박소희, 전혜선, 2019

1판 1쇄 펴낸날 2019년 11월 20일
글 박소희 **사진** 전혜선, 72~80P 토닥토닥 작은도서관 권광선
펴낸곳 책숲놀이터 **펴낸이** 이은영 **디자인** 조윤주
등록 2018년 12월 18일(제406-2018-000154)
주소 경기 파주시 문발로 115 세종벤처타운 409호 **전화** 031-957-8050
ISBN 979-11-966040-1-1 03020

* 이 도서의 국립중앙도서관 출판예정도서목록(CIP)은 서지정보유통지원시스템 홈페이지(http://seoji.nl.go.kr)와
국가자료종합목록시스템(http://kolis-net.nl.go.kr)에서 이용하실 수 있습니다. (CIP제어번호 : CIP2019044642)

우리 ___ 동네에는
작은도서관이
있습니다

글_ 박소희
사진_ 전혜선

책과 사람과 삶이 공존하는 꿈의 공동체를 찾아서

책숲
놀이터

작은도서관 따라
뚜벅뚜벅 걸었습니다

전국의 작은도서관이 6,000개를 넘어섰습니다. 양적으로는 성장했지만, 안정적 운영과 활성화를 위한 방안을 모색해야 한다는 자성의 목소리가 높아지고 있습니다. 양적 성장을 하는 동안 살피지 못했던 크고 작은 문제들이 조금씩 현실로 나타나고 있기 때문입니다.

작은도서관 현장에서 고군분투하고 있는 운영자들을 직접 만나보고 싶었습니다. 만나서 이야기를 듣고 싶었습니다. 오래된 도서관도, 새로 문을 연 도서관도 찾아보고 싶었습니다. 그들이 만든 공간을 살피고, 그들과 함께하는 사람들의 이야기를 만나고 싶었습니다. 가장 큰 고민이 무엇인지, 어떻게 새로운 방안을 찾고 있는지, 그 이야기 속에서 작은도서관의 새로운 길을 함께 찾고 싶었습니다. 작은도서관의 현장을 찾아가 그들의 현재의 모습을 담은 한 권의 책을 완성하는 것으로 도서문화재단 씨앗의 민간 기금 활용을 마무리하고 싶었습니다.

그렇게 작은도서관이 걸어온 시간을 씨줄로, 사립과 공립이라는 주체별 고민을 날줄로 한 작은도서관 여행이 시작되었습니다. 사진으로 기록해 줄 전혜선 씨와 함께 서울 구로를 시작으로 강원, 충청, 경상, 전라, 제주의 작은도서관을 찾아 떠났습니다. 작은도서관이라는 공통분모 하나로 가는 곳마다 환대를 받았습니다. 작은도서관의 문을 열고 들어갈 때의 낯섦도

몇 마디 말로 금세 없어지고, 몇 년 지기 친구처럼 이야기의 꽃을 피울 수 있었습니다. 정보나 자랑거리를 담기보다 우리의 가장 가까운 곳에 있는 작은도서관의 있는 그대로의 모습과 고민과 희망을 담고자 했습니다.

우리가 미처 가 보지 못한 섬에도, 산골에도, 시골 마을에도, 또 수많은 도시에도 이웃과 함께하기 위해 작은도서관을 운영해 오고 있는 분들이 계신다는 것을 압니다. 어떤 마음으로 작은도서관을 열었다는 것을 알기에 이 책을 통해 그분들에게 말을 걸고 싶었습니다. 꼭 만나고 싶다는 말도 전하고 싶었습니다. "여기에도 작은도서관이 있어요. 찾아와 주세요!" 하면 언제든 찾아 뵙고 이야기 나누고 싶은 마음은 변치 않을 겁니다.

뚜벅뚜벅 걸어간 길 위에서 만난 작은도서관은 저마다의 색깔을 가지고 있었습니다. 도서관지기들은 각자의 자리에서 작은도서관의 변화와 미래에 대해 치열하게 고민하고 있었습니다. 다양성의 시대인 만큼 지역에 따라, 운영자에 따라 자신에게 맞는 모습으로 공간을 채우고, 저마다의 기준으로 책을 꾸려 주민들과 만나고 있다는 사실을 다시 한번 확인할 수 있었습니다.

(사)어린이와작은도서관협회의 회원도서관을 모두 방문하여 소개하지 못했습니다. 우리만의 이야기에서 벗어나 다양한 작은도서관의 이야기를 담고 싶었기 때문입니다. 아쉬워하는 분들에게 미리 양해를 구합니다.

우리 동네에는 작은도서관이 있습니다. 이 책을 지도 삼아 작은도서관의 길을 걷고 있는 분들과 진한 만남을 경험할 수 있길 진심으로 바랍니다.

박소희

CONTENTS

1장. 우리 동네 작은도서관 이야기

2장. 작은도서관을 위한 몇 가지 담론

이제는 찾아가는 도서관, 성장하는 도서관,
미래를 만드는 도서관으로 발돋움하려 한다.
마을 사람들과 함께 행복한 도서관으로 거듭나려 한다.
사람과 사람이 만나는 곳으로 존재할 것이다.
삶의 가치를 새기는 시작의 공간이 될 것이다.

우리 동네
작은도서관
이야기

아이들의 배와 마음을 채워 주는 복합문화공간

배고픈 사자

구로 오류동 농협 건물 3층.

<배고픈 사자>의 너른 창문에 서서 창밖을 바라다본다.

마침 초등학교 아이들의 하교 시간, 왁자지껄한 소리와 함께

삼삼오오 짝을 지어 나오는 아이들의 모습이 한눈에 들어온다.

작은도서관 <배고픈 사자>.

배도 고프고 마음도 고픈, 왕성한 식욕을 가진 아이들이

먹이를 찾듯 어슬렁거리며 금방이라도 들어올 것만 같다.

친구들과 함께 먹는 간식으로 배를 채우고

친구들과 함께 보는 책으로 마음을 채우는 작은도서관.

이곳은 독서 공간이면서 동시에

아이들 방과후 돌봄을 지원하는 공간이다.

<배고픈 사자>는 아이들에게 안전한 쉼터와 먹거리를 제공하기 위한

간식 카페로 시작되어 오늘에 이르렀다.

방과 후 돌봄이 필요한 아이들을 위해 시작된 발걸음이

아이들의 마음을 채우는 도서관으로 다시 탄생한 것이다.

배고픈 사자

푸른 초원에 홀로 서기를 하는
'푸른사자 와니니'를 닮은 곳,
작은도서관 <배고픈 사자>이다.

학교 일과를 모두 끝낸 아이들은 학원가기 전까지, 집에 돌아가기 전까지
<배고픈 사자>에 들러 자신의 시간을 만들어간다.
이곳에서 마냥 즐겁고 행복한 시간을 누리는 아이들,
판을 깔아 주는 어른들이 있으니 든든하다.
학교에서는 느껴 보지 못하는 해방감을 이곳에서 누린다.
책이 열어 주는 세상으로 천천히 들어가 보기도 하고
책 속 글들을 따라가며 어수선한 마음을 달래기도 한다.
이곳에서만 만날 수 있는 다른 세상의 맛,
그것을 맛보기 위해 아이들이 몰려든다.
그저 책을 빌리고 읽는 공간이 아니라
책을 매개로 사람과 사람을 연결하는 공동체로서의 도서관.
이곳에는 아이들과 몸 부대끼며 놀아 주는 관장님이 있다.
더 안전하고 살기 좋은 마을 일을 챙기는 것도 도서관의 일이라며
몸 아끼지 않는 관장님과 마을 어른들이 있다.
아이들은 그 마음을 보고 자란다, 그 마음을 먹고 자란다.
이곳이 바로 작은도서관 <배고픈 사자>이다.

A D D 서울시 구로구 오류로 54-3 자애빌딩3F
HOME hungrylion.modoo.at
T E L 02-855-1211

배고픈 사자

온 동네 아이들의 책친구

그래그래 작은도서관

|

막다른 길, 적막할 정도로 조용한 골목,

구일역 뒤편으로 자리 잡은 외진 동네.

아이 데리고 도서관 한 번 가는 길이 참으로 멀다.

좋은 그림책도 읽어 주고 싶고,

재미난 도서관 프로그램에도 참여하고 싶은데 아이들은 가기 전에 지친다.

우리 동네에 아이들과 걸어갈 수 있는 도서관이 있다면 얼마나 좋을까?

이런 생각을 함께 모아, 한 푼 두 푼 쌈짓돈 모아

그림책으로 가득한 작은도서관을 만들었다.

슬리퍼 끌고 집에서 걸어갈 수 있는 도서관,

언제든 찾아가 마음 편히 그림책 실컷 읽을 수 있는 도서관,

우리 동네에 작은도서관이 생기니 정말 좋다!

도서관으로 내려가는 계단엔 그림책 속 캐릭터가 한가득,

어서 와, 나를 찾아봐 하며 아이들의 마음을 이끈다.

'정숙'이란 말로 숨죽이며 책을 읽는 대신

누워서 뒹굴뒹굴 깔깔거리며 책을 읽는 곳.

책이 장난감이 되고, 친구가 되는 곳.

책 속 주인공들을 불러내 함께 노는 곳.

책을 만나고, 사람을 만나고, 책을 이야기하고, 삶을 나누는 곳!

구로1동에는 그림책 놀이터 <그래그래> 작은도서관이 있다.

이제 함께했던 초심을 모아 새로운 꿈을 꾸려 한다.

아이들의 미소를 떠올리며 또 다른 공간을 고민한다.

우리가 하는 게 맞는 일일까?

언제까지 주머닛돈을 털어가며 이 일을 해야 하는 거지?

서로의 다른 마음, 다른 생각들이 부딪힐 때도 있지만

그래그래, 열심히 걷다 보면 길이 보일 거야!

그래그래, 이번에도 우리가 해낼 수 있을 거야!

|

존 버닝햄의 그림책 속 이야기처럼

시련이 닥친다는 것은

또 다른 경험을 통해 새로운 생각을 담아내고 성장하는 것.

믿어본다, 아이들을 그리고 함께할 어른들을.

그래그래, 그래그래!

|

A D D   서울시 구로구 구일로 8길 131 중산빌딩 B1F

HOME   blog.naver.com/graegraelibrary

T E L   0507-1460-1237

그래그래

작은
도서관

🏛 Smɑll Librɑry 구로1동 그림책 놀이터

작은 땀방울로 시작한 마을의 마중물

꿈사랑 작은도서관

'여성들이여, 엄마가 아닌 전문자원 사회인으로!'

인천의 독서 문화 증진을 위해 작은도서관들이 공동으로 힘을 모을 때

인천 서구의 작은도서관에서 내건 프로그램 제목이다.

오래된 아파트의 정문을 지나 작은 쪽문으로 들어가면

오로지 책을 사랑하는 마음으로 만들어진 작은도서관이 있다.

오래전에 만들어진 공간을 다듬어 탄생한 <꿈사랑> 작은도서관.

비록 시설이 멋지거나 화려하지는 않지만

주민들이 버린 책장들을 하나둘 실어나르고

책 한 권 한 권을 소중하게 모아 만들어진 주민들의 쉼터이다.

지나가던 사람들이 무심하게 들러 책을 읽어도 좋고

뛰놀던 아이들이 들어와 함께 어우러져도 좋다.

아이들에게 책을 읽어 주는 어른들이 생겨나고

저 스스로 책을 찾아 읽는 아이들이 늘어난다.

언제든 누구나 들어와 함께해도 어색할 것 없는 마을의 열린 공간.

꿈사랑 작은도서관

서가 사이사이에 놓인 흰 종이에는

책을 읽고 느낀 것들을 마음껏 쓰고, 그래도 좋다.

아무것도 채워지지 않은 하얀 백지를 채우는 것처럼

<꿈사랑>에도 하루하루 꿈이 쌓인다.

육아에 지친 엄마들은 이곳에서 새로운 꿈을 꾸고

일에 치인 아빠들은 이곳에서 아이들과 소통을 꿈꾼다.

이곳의 책들은 아이들에게 미래의 꿈을 열어 준다.

<꿈사랑> 작은도서관은

이 마을의 진정한 마중물이다.

이곳에서 책 한 잔 어때?

때론 책 위에 날아든 먼지까지 사뿐히 내려앉으라.

<꿈사랑>은 우리 아파트가 가장 좋은 이유가 된다.

A D D 인천시 서구 검단로 446
T E L 032-204-3305

꿈사랑 작은도서관

변화를 만들어가는 우리 동네 작은 사랑방

풀뿌리미디어도서관

오랜만에 추석 명절을 앞두고 찾은 <풀뿌리미디어도서관>은
그간의 씩씩했던 행보를 잠시 멈추고 숨 고르기를 하듯 조용하다.
재봉틀 앞에 앉아 무언가를 자르고 붙이던 도서관지기가
조심스레 들어서는 나를 보고 환하게 웃으며 반긴다.
시간이 지나도 각자의 자리에서 같은 일을 하는 이를 만나니
나 역시 가슴이 뭉클해진다.
코흘리개 아이들의 안부를 물으니 벌써 대학생의 엄마가 되었다는
도서관지기의 말에 옛 추억을 떠올리며 웃었다.
아이들이 초등학교에 입학할 때, 한글도 못 뗐다고 걱정했던 것이
바로 엊그제 같은데 벌써 대학생이 되었다니.
지금은 이곳의 도서관지기로 활약하고 있는 그녀는
제 아이들이 초등학교에 입학할 때까지도 한글을 몰랐다.
어릴 적 아빠 막걸리를 물인 줄 알고 마셨던 것이 화근이 되어
기절하고 일어난 아이는 어눌해졌고 느린 세상을 살게 된 탓이었다.

그래도 열심히 살았다.

젊은 시절엔 재봉틀을 밟으며 살았고,

지금은 도서관에 보탬이 되고자 재봉틀을 밟는다.

그 마음이 정말 고맙다. 여전해서 정말 고맙다.

<풀뿌리미디어도서관>에는 함께하는 씩씩한 엄마들이 많다.

세상 모두의 엄마가 되어 주기로 한,

그래서 엄마보다는 당당한 나를 찾고자 하는 여성들이 많다.

늘 유쾌함이 흘러넘치니 함께하는 내내 웃음이 끊이지 않고

함께하는 세월 또한 길게 이어진다.

인천여성회 부설 기관으로 세워진 이곳은 여성들의 씩씩한 삶을 응원하며

좀 더 나은 지역의 삶을 살아가려는 사람들이 함께한다.

그들은 이곳을 <풀뿌리>라고 부른다.

<풀뿌리>가 자리를 내리는 동안 마을은 그 곁을 조금씩 내어주었다.
<풀뿌리>는 그런 그들을 위해 책 자전거를 끌고
삶의 터전으로 직접 찾아다니기며 책을 전했다.
영화 속 앵글을 좋아하는 도서관지기는
그 덕분에 미용실 사장님의 꿈이 화가였다는 사실도,
채소 가게 아주머니의 꿈이 요리사였다는 사실도 알게 되었다.
<풀뿌리>는 동네 사람들이 서로에게 자신을 내보이는 자리도 마련했다.
사람들은 그 시간을 무척 자랑스러워했다.
이 시간이야말로 '사람책'이 쓰이는 순간들이었다.

재주가 많은 마을 사람들,
마음이 따뜻한 마을 사람들,
<풀뿌리>는 이들의 이야기를 시와 영화로 담아내려고 한다.
그렇게 마을에 뿌리를 내리고 싶어 한다.
그들은 가난하다.
아이들을 잘 키우고 싶지만, 많은 것을 주지 못해 속상하다.
하지만 함께 모여 앉아 이야기를 나누다 보면

가진 것을 나누는 것만으로도 서로에게 힘이 될 수 있다는 것을
무엇이 잘못되었는지, 잘 되고 있는지 알 수 있다는 것을
깨닫곤 한다. 그리고 다짐한다.
서로 도우며 힘을 보태어 이 공간을 지켜나가자고.
모두 <풀뿌리>의 살림을 보태기 위한 땀방울을 모은다.
그들은 모두 <풀뿌리>에서 마음을 나누었다.
그들의 곁에는 <풀뿌리>로 이어지는 이웃들이 있다.
그들은 <풀뿌리> 안에서 새로운 자기 자신을 발견했다.

풀뿌리미디어도서관

<풀뿌리>는 얼마 전 새로운 공간으로 이전했다.

전에 있던 도서관은 교회를 통해 들어가다 보니

교회도서관이냐는 오해를 받기도 했다.

적은 보증금과 월세를 감당하며

좋은 장소를 찾기는 어려워서 한 선택이었다.

그러나 그 공간에서 그래도 많은 일을 벌이며 살아왔다.

함께 사는 맛을 알아버린 사람들이 모여 있으니 무엇이 문제겠는가.

새로운 공간을 터 삼아 도서관을 일구는 사람들의 용기에 박수를 보낸다.

더 좋은 마을 만들어 보자고 아이디어를 모으고

여기저기 내미는 손에 맘을 가득 담아 주는 사람들이 있으니

언제나 새롭게 시작할 수 있다.

그 마음만큼 더욱 더 큰 힘을 내어 살아가자고 약속한다.

|

자그마한 공간에 넘치는 정성

함께 살 사람들이 북적이는 그곳,

<풀뿌리미디어작은도서관>이다.

|

A D D 인천시 서구 연희로42번길 14 2F
HOME cafe.naver.com/icwaseogu
T E L 032-582-3080

지역 문화의 중심이 된 도서관 학교

아이숲 어린이도서관

광주광역시 서구 풍암동, 인구 4만 명이 거주하는 아파트 밀집 지역.

하지만 이곳에는 문화시설이 없었다.

무엇보다 아이들을 위한 도서관 건립이 시급했다.

젊은 엄마들과 시민단체는 한마음으로 의기투합하여

도서관건립위원회를 조직했다.

도서관 건립을 위한 첫 번째 목표 금액 5천만 원!

그들의 바람은 이루어졌다.

십시일반 기부금으로 마련된 건립기금 5천만 원.

도서관이 만들어지길 바랐던 마을 사람들은 뜻을 모았다.

다양한 계층의 사람들이 기금이나 도서를 기부했다.

도서관을 만들기 위해 모인 사람들은 국밥을 끓여 사람들과 나누며

발품을 팔아 터전을 만들어나갔다.

다른 지역의 도서관들을 일일이 찾아다니며 경험치를 모았다.

광주 지역 최초의 민간 어린이도서관은 그렇게 시작되었다.

<아이숲 어린이도서관>은 가장 이상적인 어린이도서관이 되고 싶었다.

이야기를 만들고 놀 아이들의 공간에 대한 갈망을 담고 싶어

톰 소여와 허클베리 핀의 나무 위 다락방을 만들었다.

도서관 현관문에 나뭇잎 모양의 무늬도 넣고

아이들이 비밀스럽게 숨고 싶은 공간도 만들었다.

아이들의 안전을 위해 유리창엔 안전고리를 걸었다.

우리 동네에는 작은도서관이 있습니다

지역 작가들의 강연을 만들어 함께 듣고 인연을 맺었다.
모두의 노력은 결실을 보았고, 주위 지역으로도 퍼져나갔다.
이것이 현재 작은도서관이 가장 많은 지역 중 하나가 광주인 이유이다.
작은도서관의 영향력은 마을을 살피고
인근 금당산에 동화 산책길을 만들기도 했다.
문화예술활동가를 양성하는 거대한 기획을 해낸 것도
좋아하기 때문에 가능했던 일들이었다.

도서관 건립 후 십 년이 지난 지금 이 순간에도
여전히 아이들 숲을 지키는 사람들이 있다.
아이숲을 지나갔던 사람들의 모습은 다락방 한쪽에 빼곡히 걸려 있다.
이곳을 찾아왔고 지금도 찾는 사람들의 모습이 담긴 사진 속에
아이숲의 역사가 고스란히 담겨 있다.
창문에 걸린 현수막에서 광주를 사랑하는 김병하 작가의 모습을 본다.
아이숲에서 사람들과 나누었을 정 깊은 이야기가 솔솔 풍겨오는 듯하다.
<강아지와 염소새끼>, <고라니텃밭>, <까치아빠, 보리 타작 하는 날> 등
작가의 작품에는 자연 속에서 커가는 아이들이 있고 동물이 있고
마을과 자연이 있다. 작가의 마음이 어린이의 마음에 닿아 있어서일까?

아이숲 어린이도서관

<아이숲 어린이도서관>은

찾아오고 싶은 도서관, 머물고 싶은 도서관,

자원활동의 기쁨을 배우는 도서관이었다.

이제는 찾아가는 도서관, 성장하는 도서관,

미래를 만드는 도서관으로 발돋움하려 한다.

마을 사람들과 함께 행복한 도서관으로 거듭나려 한다.

이곳은 꾸준히 책과 사람을 연결하는 곳으로
사람과 사람이 만나는 곳으로 존재할 것이다.
삶의 가치를 새기는 시작의 공간이 될 것이다.

강하게 살아가야 하는 이유를 만들기 위해서
십 년 이상 터를 지켰다.
아이들에게 아낌없이 주는 나무가 되어 준
영원한 이야기의 숲 <아이숲 어린이도서관>은
오늘도 이야기를 만들어 가고 있다.

A D D 광주 서구 풍암2로 2 롯데슈퍼센터 4F
HOME cafe.daum.net/totolibrary
T E L 062-652-1279

아이숲 어린이도서관

자연과 어우러진 공원 내 책놀이터

모당 작은도서관

올해 개관을 한 <모당 작은도서관>에 가기로 했다.

급작스러운 결정이었지만, 오래 마음에 품었던 일이기도 했다.

작은도서관 운영의 내공이 탄탄한 도서관지기가 있기에

따뜻한 손길과 정성으로 가득한 도서관으로 탄생했을 터.

고양시 일산동구 중산로 중산공원.

아직은 새로운 아파트를 짓느라, 상가를 짓느라 어수선하다.

하지만 앞으로 입주가 끝나면 꽤 북적댈 이곳.

그곳에 주민들을 위한 <모당 작은도서관>이 아담하게 자리하고 있었다.

문을 열고 들어가니 조용한 열람실과 창가 테이블이 눈에 들어온다.

공원을 향한 창으로 사람들이 오가는 모습은 물론

계절의 변화를 느낄 수 있어 생동감이 넘치겠다는 생각이 든다.

개관한 지 얼마 되지 않았는데도 이용자가 제법 많다.

하나의 층에 만들어진 도서관이라 넓진 않지만 공간 구성이 알차다.

영유아 아이들을 위한 알록달록 아기자기한 공간부터

각종 강좌와 프로그램을 운영할 수 있는 가변적인 공간까지.

사람이 많아지면 건물 전체가 도서관이 될 수 있을까? 하고 생각해 본다.

마침 프로그램실에서 '아빠와 함께하는 목공교실'이 열리고 있다.

정겨운 뚝딱뚝딱 소리에 이끌려 들어가 보니

아이들의 고사리손으로 열심히 사포질을 하고

옆에서 아빠들이 아이들을 도와가며 땀을 흘린다.

모당 작은도서관

아빠들도 아이들처럼 목공이 서툴긴 마찬가지지만
아빠들도 아이들만큼 행복해 보인다.
아빠와 함께하는 토요일 도서관 나들이.
아이들의 기억 속에 영원히 남게 되는 인생의 한 컷이 아닐까.

창가에서 책을 읽는 사람들은 두런거리는 소리에도 아랑곳없다.
책의 세계에 흠뻑 빠져 있는 사람들의 모습이다.
아직은 군데군데 비어 있는 서가를 보니
그곳이 어떤 책으로 가득 차게 될까 즐거운 상상을 하게 된다.
좋은 책은 사람들을 도서관으로 이끄는 가장 큰 힘이다.
그 힘을 믿는 도서관지기 덕분에 이곳의 서가에서도 힘이 느껴졌다.
비어 있는 서가는 그 모습만으로도 사람에게 말을 걸고 있다.
사람들에게 말을 거는 큐레이션이다.

ADD 경기도 고양시 일산동구 중산로 73-2
HOME facebook.com/modangparklibrary
TEL 070-4244-7442

모당 작은도서관

호수공원, 마상, 모당은 고양시에 있는 공원의 이름이면서
이제는 작은도서관의 이름이 되었다.
'공원 작은도서관 프로젝트'라 불릴 만하다.
고양시는 이 도서관을 포함한 5개 작은도서관을
창의적이고 다양한 독서·문화 프로그램으로 주민과의 만남을 넓히고
공원의 자연생태를 활용한 공원형 특성화 도서관으로 만들기 위해
<책과 도서관>에 민간 위탁을 결정했다.
<책과 도서관>은 호수공원 내에 있는 사립 작은도서관으로
주민과 어린이들의 만남, 책과 문화의 기획과 교류 경험을 쌓아왔다.
<책과 도서관>은 위탁을 받은 후 '밥먹는 인문학'으로
모범적인 공립 작은도서관의 운영 사례를 만들어 내고 있다.
<모당 작은도서관> 역시 개관한 지 얼마 되지 않은 상황 속에서도
마을 사람들을 위한 프로그램과 만남의 시간을 만들고
좋은 책 공간으로 자리 잡기 위한 노력을 계속하고 있다.
앞으로의 활동이 더욱 주목되는 이유이기도 하다.

조용히 책을 읽는 분들을 위해 관장님과 함께 공원으로 나왔다.
잠시 햇볕을 쬐려고 벤치에 앉으니 살랑살랑 바람이 스쳐 지난다.
이렇게 자연 속에 나와 책을 읽을 수도 있으니
이 또한 이 공간에 주어진 축복이다.
관장님은 이젠 주민이 먼저 도서관의 필요성을 이야기하고
적극적인 제안과 비판이 많아졌음을 실감한다고 했다.
그렇게 우리 모두 한 걸음씩 나아가고 있는 것이리라.

하나씩 천천히
<모당 작은도서관>이 어떤 곳인지 이해하며
함께 만들어가는 도서관 식구들이
점점 늘어날 것을 기대해 본다.
도서관 문화나 분위기 또한
주민들이 만들어가는 것이므로.

모당 작은도서관

마을공동체의 활력 넘치는 거점

아차산아래 작은도서관 놀자

서울 광진구 아차산 아래에 작은도서관이 문을 열었다.

<놀자>가 그들의 이름이다.

마을 사람들이 함께 이웃하여 놀기 위해 공간을 만들고 붙인 이름이다.

개관을 알리는 축문에 작은도서관을 여는 이유가 고스란히 담겼다.

> 지금 이 땅에 사는 모든 아이와 부모들은 참으로 힘든 나날을
> 보내고 있습니다. 가정의 행복, 아이들의 행복을 보장하기는커녕
> 안전과 생명마저 위협하는, 무서운 땅입니다. 민주주의와 인권이
> 짓밟히고, 정의와 진실이 모욕당하는 참담한 사회입니다.
> 역사가 왜곡되고, 교육이 무너지고 탐욕이 판을 치며, 오직 돈만 숭배되는
> 두려운 세상입니다. 아이도 어른도, 부모도 자식도, 젊은이도 늙은이도,
> 남자도 여자도, 그 누구도 안녕하지 못한 암흑의 시절입니다.
> 그럼에도 오늘, 우리는 여기 모인 모두의 간절한 마음을 담아
> 희망의 나무 하나 심으려 합니다. 동네 이웃들과 마을 주민들이

부담 없이 들락이는 마을 사랑방, 아이와 부모가 와서 편하게 놀 수 있고
책 볼 수 있는 어린이들의 천국, 따뜻한 차 한잔과 우정이 있고 즐거운
수다와 배움이 있는 문화공간, 그런 멋지고 사랑받는 도서관이 되어 동네
사람들 마음속에 튼튼한 뿌리 내리는 희망의 나무 하나 심으려 합니다.
아차산 아래 작은도서관 놀자라는 소박한 나무 하나 심으려 합니다.

– 놀자 개관식 축문 중에서, 조원배(베토벤) 작성

주택가 마을상가 2층에 자리 잡은 <놀자>의 문을 여는 순간
새로운 세상이 열리는 듯한 느낌을 받는다. 따뜻한 공간이다.
모든 서가는 원목으로 만들어져 자연친화적이다.
마을의 커다란 느티나무 아래 놓인 평상 같은 방과 계단 역시 그렇다.
이 공간은 모두 나무로 만들어져 있다.

아차산아래 작은도서관 놀자

사람들의 손때가 고스란히 묻어 있는 것이 느껴진다.

조금 특별한 것은 서가마다 이름이 붙어 있다는 것.

개인의 서재가 마을의 서재가 되는 것처럼

자신의 서가를 책임지고, 공유하겠다는 의미를 담아

마련한 공간이다.

몇몇 사람들이 차를 마시고 동아리 모임을 하고 있다.

이른 아침, 부지런히 아이들을 학교에 보내고

이곳에 모여 함께 책을 읽는 엄마들의 모임이다.

서로의 이야기를 잘 들어 주고 보태 주니

이보다 더 즐거울 수는 없다. 웃음소리가 끊이지 않는다.

<놀자>는 잘 놀기 위해 많이 배운다. 그래서 교육에 특히 관심이 많다.

민들레 공동육아잡지를 같이 읽는 모임만 봐도 그렇다.

그들이 가지는 지향점은 함께 키우고 함께 성장하는 교육공동체를

이 마을 안에서 실현하는 것이다.

온 마을이 아이를 함께 키우고

행복한 어른이 행복한 아이를 만든다는 그들의 생각은

<놀자>에서 진행하는 프로그램에도 고스란히 담겨 있다.

<놀자>의 어린이프로그램은 어린이가 스스로 신청해야 들을 수 있다.

좋은 것만 골라 주려는 부모의 뜻도 중요하지만

그 이전에 스스로 결정하고 책임지는 어린이로 키우자는 것이

바로 <놀자>가 가지고 있는 줏대 있는 생각이기 때문이다.

삶의 지혜가 담긴 한학과 고전을 배우는 '서울까치서당'은

초등 3~4학년들이 직접 운영한다.

고등학교 자원활동가 언니들은 아이들에게 옛이야기를 들려준다.

일주일에 한 번, 영어그림책을 함께 읽고 듣는다.

아내, 엄마, 며느리, 딸인 모든 여성들이 함께 모여

결혼한 여성들의 '공감수다 놀자 토크쇼 톡톡'도 진행한다.

금요일 오후에는 모두 모여 영화도 본다.

아차산아래 작은도서관 놀자

5년의 세월 동안 마을에 뿌리를 내리며
혼자의 힘보다는 함께의 힘을 믿으며 걸어온 결과이다.
마을 사람들의 관심과 정성이 없었다면
작은도서관의 운영과 유지는 사실상 불가능한 것이 현실이다.
하지만 마음만 모인다면 경제적인 현실을 뛰어넘을 수 있는 것이
바로 이 작은도서관 운동이다.
함께 이야기 나누는 내내, 자신들의 노고는 겸손하게 묻어두는
<놀자>의 도서관지기들을 보면서
그것이 바로 이곳의 힘이 되었음을 확인할 수 있었다.
함께하는 일이 아니면 한 걸음도 먼저 나서지 않은 것,
한 사람의 열 걸음보다 열 사람의 한 걸음을 더욱 소중히 생각하는 곳이
바로 <놀자> 작은도서관이다.

2019년, <놀자>는 광진구 '마을 활력소'가 되었다.
서울시 '마을활력소'는 마을공동체 공간을 매개로 다양한 영역의 주민이
마을공동체와 관계를 맺고자 조성되는 공간이자 운영체계를 의미한다.
동네의 의제와 사회문제를 발굴하고 해소하는 과제를 가지고 있으며
상호 대등한 관계 속에서 마을에 관한 일을 주민이 결정하고 추진하게 된다.

<놀자>는 작은도서관이면서 동시에 마을공동체의 거점으로
마을에 일들에 앞장서 왔다.

조금 혼란스러운 점도 있지만 상호 상충하는 것이 아니다.

도서관으로서의 공간 운영과 마을활력소로서의 운영에서
무엇이 우선인지에 대한 경쟁적인 의미를 떠나
어떻게 담아낼 것이며 어디까지를 진행할 것인가가 중요하다.

이제 도서관은 시대적으로 역할을 달리하며
끊임없이 변화하고 성장해야 한다.

마을도서관으로서의 작은도서관은
그 일을 온몸으로 가장 먼저 보여 준 작은 공동체일 것이다.

마을 전역으로 선한 영향력으로 퍼져 나갈 때
좀 더 살기 좋은 마을, 믿을 수 있는 이웃을 얻을 수 있다.

<놀자>는 오늘도 행복한 꿈을 키워가며
한 사람의 열 걸음보다
열 사람의 한 걸음을 꿈꾼다.

ADD 서울시 광진구 자양로50가길 45
HOME cafe.naver.com/achasanarenolja
TEL 02-2272-2011

아차산아래 작은도서관 놀자

신나는도서관 / 꿈꾸는새싹 / 민들레홀씨 / 뜰안에작은나무

부천시 작은도서관

부천시는 작은도서관에서는 상징적인 곳이다.

대부분의 작은도서관이 민간 영역에서 운영되던 2001년 당시

부천은 시민, 시민단체, 기업, 시의원, 언론인, 부천시로 구성된

'푸른부천21실천협의회'를 구성하였고

'사랑과 희망이 넘치는 도서관만들기' 지방 의제를 내걸고

'작은도서관만들기 네트워크 분과'를 설립하였다.

그 어디에서도 찾아볼 수 없는 민·관 협의를 통한

작은도서관 조성 계획을 갖추고 있었던 것이다.

그로부터 19년이 지난 지금, 부천에는 공립 작은도서관 20곳,

사립작은도서관 61곳이 자리 잡고 있다.

이 도서관들은 지금도 여전히 현재진행형으로

시대의 흐름에 맞게, 저마다 환경에 맞는 공공도서관의 모습으로

변화 발전을 계속하고 있다. 그간의 노력과 실천에 대한 궁금증으로

초기에 조성된 작은도서관들을 찾았다.

약대 신나는가족도서관

<신나는가족도서관>은 약대동 주민자치센터 3층,
빌라가 많은 주택가에 있다.

입구 마당에 무대가 있는 것이 흥미로웠는데,
주민들의 장기자랑이 자주 열리는 듯하다.
동네의 친화력이 느껴지는 공간이었다.
3층 도서관의 서가와 의자들 사이에는 책과 더불어
사람들의 솜씨가 자랑처럼 펼쳐져 있다.
서가 저 안쪽에서 두런두런 소리가 들린다.
알고 보니 오래된 독서동아리 모임이 진행되고 있다.
약대동의 <신나는가족도서관>은 지금의 주민자치센터로 옮기기 전까지
사립문고인 약대글방으로 활발한 활동을 했었다.
지역과 함께, 지역을 돌보고 함께 성장하는 이웃,

부천시 작은도서관

내 가족만이 아니라 지역 주민 모두가 가족이 되어 주는 지향점은
과거나 지금이나 똑같은 것 같다.

이곳에서 초기부터 운영을 총괄하고 있는 사서는
약대동에서 청년 시절을 보내고, 결혼하고 아이를 낳아 키우며
약대동 토박이가 되었다. 지역 주민으로 살기에
지역에서 벌어지는 다양한 일들을 바로 살필 수 있고
주민들을 직접 만나 이웃처럼 밤낮없이 만날 수 있고
더불어 아이들도 키울 수 있으니 운영자라는 거리감보다는
이웃이라는 친근감이 장점으로 발휘되고 있다.

아이들도 어른도 이곳에 오면 행복해지는 느낌을 만들고 싶어
달려온 시간이 작은도서관의 역사와 궤를 같이한 것이다.
이제 생활형 SOC의 지원을 받게 되어 리모델링에 들어간다.
어려운 일이 닥치더라도 그동안의 활동의 역할과 성과를
주민들이 알고 있기에 잘 될 것으로 믿는다며
도서관지기는 건강한 웃음으로 답한다.

A D D 경기도 부천시 수도로 44 약대주민센터3F
HOME bcsl.go.kr
T E L 032-682-5800

꿈꾸는새싹 작은도서관

오정동 원종종합사회복지관 3층의 작은도서관.
좁은 골목 안 아파트와 나란히 자리 잡고 있는
<꿈꾸는새싹> 작은도서관은 아침부터 분주하다.
작은도서관에서 펼쳐지는 다양한 활동 중
특히 다문화 활동이 나의 눈길을 잡아끈다.
이 지역의 다문화 가정의 문제점들과
이를 함께하려는 복지관과 도서관의 노력이 든든하다.
현재 <꿈꾸는새싹>의 관장님은 부천 작은도서관협의회 회장님이다.
시간이 흐르고 지역의 도서관 상황도 달라지고 있어
어떻게 향후 작은도서관의 역할을 잡아야 하는지 고민이 많아 보였다.
<꿈꾸는새싹>도 2002년에 개관하고, 2016년에 새 단장을 했으니
참으로 오랜 세월 지역에서 활동하고 있던 셈이다.

부천시 작은도서관

<꿈꾸는새싹> 앞쪽으로 <부천시립오정도서관>이 자리 잡았다.
큰 규모에 좋은 위치, 쾌적한 환경을 갖추고 행정복지타운과 보건소,
노인복지관 등이 함께 있으며 주변에 오정아트홀과 오정대공원이 있다.
문화시설이 부족했던 오정동 일대 주민들에게는 반가운 일이다.
<부천시립오정도서관>은 만화의 메카 부천다운 특성을 살려
공공도서관의 기능과 함께 만화특화도서관을 표방하고 있다.

이에 따라 <꿈꾸는새싹>의 역할도 변해야 한다.
2016년 재개관을 하면서 기존의 어린이도서관의 특성을 살려
영유아 서비스를 특화로 잡았다. 어린이들의 안전한 쉼터이자
마을이 함께 키우는 어린이로 성장하는 터전을 마련하고자 하였다.
이제 마을에 정착하기 위한 다문화가정들의 부모와 어린이들을 만나고
따뜻한 품이 되는 역할이 <꿈꾸는새싹>의 새로운 역할로
자리 잡지 않을까 생각해 본다. 꿈꾸는새싹 작은도서관의 세월만큼
꿈을 키우며 자란 아이들이 이 마을에 건강한 시민으로 자라
마음을 보태는 일을 충분히 할 것이다.

A D D 경기도 부천시 오정구 성오로
149번길 18 3F
HOME bcsl.go.kr
T E L 032-677-0162

민들레홀씨작은도서관

부천시 상3동 주민자치센터 3층에 자리 잡은
<민들레홀씨작은도서관>은 이름만큼이나 정겹다.
처음 도서관이 생길 무렵,
들뜨고 신난 건 어린아이들만이 아니었다.
동네 어른들도 드디어 우리 마을에 도서관이 생긴다며
기대감에 부푼 채 개관을 기다렸다.
그렇게 만들어진 소중한 마을의 도서관에는
오늘도 민들레 홀씨처럼 조용하게 사람들이 모여 있다.
찬찬히 주위를 둘러보니 근사했던 바깥 테라스도
세월의 흔적만큼 많이 낡아 있었다.
올해 생활형 SOC 작은도서관 조성사업 지원을 받아
공간을 재단장 할 수 있게 되었다니 얼마나 다행한 일인가.

부천은 문화도시의 이름에 걸맞게
다양한 문화시설을 많이 가지고 있다.
하지만 내 집 가까운 곳에 있는,
아이와 함께 할 수 있는 공간에 대한 열망은
시간이 지나도 변하지 않는 법이다.
아파트 사이에 오아시스처럼 자리 잡아
주민들이 찾을 수 있는 <민들레홀씨>는
그래서 소중하고 소중하다.

이날 만난 7년 차 자원활동가는
출장을 간 도서관지기의 빈 자리를 훌륭히 채우고 있었다.
제 아이를 책으로 키워 준 고마운 곳이라 자원활동을 하고 있다며
언제나 올 수 있어 감사하고, 이를 보답할 수 있어 또 감사하다고 했다.
받은 것에 감사하는 데서 그치지 않고
돌려줄 수 있다는 것에 다시 감사하는 아름다운 마음을 만난 그날,
나 역시 작은도서관이 있어 감사하다는 사실을 다시 실감한다.

A D D 경기도 부천시 원미구 상동로 117번지 48 3F
HOME bcsl.go.kr
T E L 032-322-9702

뜰안에작은나무 작은도서관

인문학으로 누구나 소통하는 삶의 배움터.

<뜰안에작은나무> 작은도서관은 교회에서 운영하고 있다.

지역 사회선교가 가장 목표인 교회도서관은

선한 마음으로 지역 사회 봉사와 이웃을 향한 선교의 차원에서

도서관을 운영하는 경우가 많다.

도서관 운영에서 많은 부분을 신경 써야 하는 것이 공공성이기에

교회 안에 작은도서관은 열기는 쉬워도

다양한 장서를 구비하고 일반 이용자들을 받기 위한 활동은

종교시설이라는 굴레를 한 번 더 벗어야 하기에 어려울 수밖에 없다.

<뜰안에작은나무>에는 예배 공간이 없다.

지하와 2층 공간 모두가 주민을 위한 시설로 갖추어져 있다.

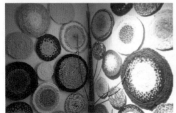

계단을 올라간 2층은
도서관과 작은 카페가 꾸려져 있고,
지하는 주로 주민들과 함께 만들어가는
인문학 강좌 공간이며
청소년들의 학교 밖 학교이다.
스스럼없이 주민들과 소통하는 것,
내가 주민이 되는 것,
가르치는 것이 아니라 함께 이야기 나눌 사람이 되어 주는 곳,
함께하고픈 이웃을 만들어 가는 곳이
<뜰안에작은나무> 작은도서관의 목표이다.
바지런한 관장님은 오늘도 늘 뛰어다닌다.
세상 모든 곳이 교회요, 세상 모든 일이 성경 말씀을 실천하는 행동이라는
목사님이자 관장님의 철학이 이곳을 따뜻하게 채우고 있다.

우리 동네에는
꿈 씨앗을 심는 작은도서관이 있다.
문화의 사각지대를 없애고
지속적인 나눔과 소통을 이어갈 공간.
도서관이 신나면 마을이 행복하다.

A D D 경기도 부천시 원미구 지봉로 122-1
HOME facebook.com/smalltreebook
T E L 070-8849-1391

부천시 작은도서관

어린이와 청소년을 위한 마을 공동체 도서관

모퉁이어린이도서관

대전 유성구 전민동 전민평생학습센터 1층에는

마을 사람들이 가장 아끼는 소중한 곳,

<모퉁이어린이도서관>이 있다.

이곳은 마을도서관, 공동체도서관, 어린이도서관이며 작은도서관이다.

공간에 붙여지는 이름은 그 공간이 담고자 하는 생각들이다.

마을 속에 뿌리박고 이웃을 만나고 있으니 마을도서관이고

모두의 자원활동으로 이루어지니 공동체도서관이며

꿈을 키우는 책 한 권, 자기 삶의 주인이 되기 위한 책 한 권

어린이들에게 전해 주고자 하니 어린이도서관이다.

그리고 이 모든 것을 품을 수 있는 작은도서관이다.

그런 공간에서 일주일에 한 번, 2시간 자원봉사를 꾸준히 이어가는

그런 어른들이 70명이나 있는 든든한 곳이다.

해바라기꽃이 활짝 핀 이 도서관은

태양광 발전으로 운영되는 친환경 도서관이다.

유모차를 타고 방문한 꼬마 손님부터
왁자지껄 에너지 넘치는 초등학생도 가득.
질풍노도의 청소년기를 거쳐
다시 아이 엄마가 되어 찾아오는 사람까지
늘 그 자리에 있는 나무 같은 공간으로
돌아오는 사람까지 품어 안는 마을의 공동 공간.
<모퉁이어린이도서관>은 사립문고
선배어린이도서관에서 시작하여
지금은 지역사회 주민들과 함께 만들어 가는
마을 공동체 도서관이 되었다.
서가 사이, 책 읽는 방마다 책을 읽어 주고 듣는 아이들을 본다.
아이들을 보며 또 배우고 배우게 되는 곳이다.

배움이 전파되는 곳,

그래서 나누고 싶은 곳,

오래 곁에 있으면 정말 좋겠다.

마을에서 가장 소중한 곳,

<모퉁이어린이도서관>이다.

A D D 대전 유성구 엑스포로 438
　　　 평생학습센터전민분관 1F
HOME cafe.daum.net/comerlib
T E L 042-861-6296

어린이들의 책놀이터, 나눔과 돌봄의 동네 사랑방

마을도서관 햇빛따라

햇빛따라 오래된 마을 골목을 걷고 싶었다.

그러다 갑자기 내린 비로 첨벙첨벙 물장난을 치고 싶었다.

곱게 가꾼 대문 앞 작은 정원들을 보고 싶었다.

어릴 적 더운 날씨를 피해 나무 높고 우거진 공원을 찾아왔던 곳,

크고 신기한 동물 보는 재미에 덩달아 신기했던 곳,

키가 엄청나게 큰 키다리아저씨가 맞아주셨던 곳,

달성공원 돌담길을 따라 쭉 이어져 있는 대구 서쪽의 비산동이다.

오랜 추억을 더듬으며 이곳을 다시 찾았다.

올해로 도서관이 문을 연 지 딱 십 년이다.

우리 동네에는 작은도서관이 있습니다

커가는 아이들보다 어른 인구가 더 많은 동네.

어른들은 자라나는 아이들에게 더 좋은 환경을 만들어 주기 위해

마을도서관과 마을을 일구고 있다.

십 년 전, 아이들이 안전하게 놀 장소가 없을 때

서로 정보를 나눌 소통의 공간이 없을 때

의기투합하여 발품을 팔아 책과 물품을 기증받고

십시일반 기금을 모아 마련한 소중한 동네 사랑방 <햇빛따라>.

동네를 그대로 닮아 소박한 사람들이 공간을 만들고

동네와 어우러져 지금에 이르렀다.

천연화장품 모임 녹색살림, 책 여행 반딧불이, 풍물모임 날빛,

책놀이 북앤냠냠 등의 동아리 활동은 물론 품앗이 배움터까지

<햇빛따라>에서 벌어지는 활동은 오늘도 푸짐하고 알차다.

마을도서관 햇빛따라

비산동은 내 동네다 자랑스러워하는 사람들이 있고
넉넉하지 않은 형편에도 공간을 꾸리고,
책을 들이고, 함께 읽기를 원하는 사람들이 있고
배움을 함께 일구어가는 공간.
그곳이 바로 마을도서관 <햇빛따라>의 모습이다.

마을의 햇살 같은 그곳에
마을도서관 <햇빛따라>가 있다.
벽에 걸린 햇빛 같은 그림 한 점을
천천히 들여다본다.
살아 있는 도서관이야말로
마을의 징표다.

A D D 대구 서구 북비산로 359 5F
HOME cafe.daum.net/seogumun
T E L 070-8821-5234

마을도서관 햇빛따라

산골 마을의 행복한 마을교육공동체

안남배바우 작은도서관

십 년 만에 찾아간 <안남배바우> 작은도서관.

도서관 개관 후 1주년을 맞아 처음 찾았던 배바우의 기억이 떠올랐다.

도서관 뒤로 드넓게 펼쳐져 있던 논.

소녀처럼 고깔모자를 쓰고 올챙이송을 부르던 할머니.

이 깊은 산골에 생긴 작은도서관 덕분에

팔십 넘어 자기 이름을 처음 써 보고

아들에게도 처음으로 편지를 써 보았다는 할머니.

떡과 누른 고기를 먹으며 들려주시는 이야기들은

여전히 귓가를 맴도는데

이제 이곳에 그 할머니들은 없었다, 차마 묻지 못했다.

다만 가시기 전에 더 행복하셨기를 바랄 뿐.

마을 입구에는 저수지가 생기고, 그 위로 고속도로가 생겼다.

굽이굽이 돌아 들어갔던 길은 없어졌다.

할머니들의 빈 자리는 활기찬 아이들이 채우고 있었다.

아이들은 너도나도 반갑게 인사하며 나를 맞이한다.

마치 오래전부터 알고 있는 사람이 들어오듯

스스럼없이 마음을 열고, 환한 미소를 날린다.

구운 떡과 방금 따온 앵두를 한입 가득 넣으며

기꺼이 나에게도 내밀며 먹어 보라 권한다.

나누고 함께하는 삶이 몸에 배어 있는 이쁘디이쁜 아이들이다.

안남배바우 작은도서관

한 무리의 아이들이 왁자지껄 들어오고

뒤이어 아저씨 한 분이 들어와 서가 앞 소파에 앉아

가지고 온 책을 펴고 익숙한 자세로 읽기 시작한다.

아이들 1층으로 2층으로 식당으로, 자유롭게 움직인다.

고학년 아이들은 빨간머리 앤이 그려진 손거울을 만든다.

저학년 아이들은 간식을 먹고, 사람들 주변을 어슬렁거린다.

카메라를 든 쌤에게 앵글을 보여 달라,

한 번 찍어보게 해 달라고 조른다.

한 시간쯤 지났을까. 책을 읽던 아저씨가 일어나 밖으로 나가자

아이들도 주섬주섬 가방을 꾸려 아저씨를 따라 나간다.

궁금하여 뒤를 따라 나가보니 멋진 마을버스가 기다리고 있다.

아하, 아저씨는 마을버스의 운전사였다.

아이들이 도서관에 들렀다가
집에 돌아가는 시간은 6시.
아이들이 도서관에서 머무는 동안
책을 보고 계셨던 것이다.
아이들이 집으로 돌아가면
집집마다 밥 짓는 냄새가
고소하게 풍기겠지.

대전에 살다 가족 모두를 데리고 귀농한 도서관의 지킴이는
낯선 시골 생활 속에서 희망을 꿈꾸며 살아간다.
아직은 외롭고, 속도를 맞추기 힘들 때도 있다.
농촌의 미덕이 때론 답답함으로 다가올 때도 있지만
이곳만이 가지고 있는 온정을 언젠가는 모두 함께 나눌 수 있으리라.
그 희망을 향해 오늘도 도서관을 묵묵히 지킨다.

A D D 충북 옥천군 안남면 안남로 456
T E L 043-732-5600

도시의 삶과 농촌의 삶이
그 어디에서도 같으면 좋으련만.
속도가 다름을 익히고 있는 그의 삶을 들여다보고
귀한 미숫가루 받아 고맙다 인사하고 오는 길,
여전히 발걸음은 무겁지만
여전히 오늘도 희망을 꿈꾼다.

안남배바우 작은도서관

살아 움직이는 다목적문화커뮤니티 공간

다문화그림책도서관 토닥토닥

여주 5일장은 매월 5일 10일에 열리는 전통시장으로
여주 한글시장에서 열린다.
이곳에 가면 여주 한글시장의 다목적문화커뮤니티 공간인
<토닥토닥> 작은도서관을 만날 수 있다.
이곳은 5일장 서는 날이면 고단함을 푸는 쉼터가 되고
평소에는 다문화 가정과 실버 세대와 청소년을 위한 체험장이 된다.
실버 세대와 청소년이 함께 인터넷 라디오 방송을 만들기도 하고
다문화 가정과 이주노동자들의 참여를 끌어내는 역할도 한다.

이것은 모두 오지랖 대마왕 같은 도서관지기들 덕분이다.

그들은 일을 무서워하지 않는다.

여주 이곳저곳에 독서모임을 만들어 마실하듯 다니고

청소년 아이들과 전국 도서관을 아지트 삼아 여행을 다닌다.

남북의 청소년들이 만나는 평화민간사절단을 꿈꾸고

아이들의 기발한 아이디어를 활동으로 연결한다.

열정적인 에너지로 작은도서관을 지키는 이들,

누구나 자신의 삶을 찾도록 돕는 고마운 이곳의 지킴이는 부부다.

무엇이든 그들의 손을 거치면 만들어지지 않는 것이 없고

무엇이든 그들과 함께하면 즐겁고 신이 난다.

그들의 사진기에 담기는 이웃의 모습은 정겨움이 넘쳐난다.

같은 뜻을 가진, 오누이 같고 동지 같은 그들이 있기에

<토닥토닥>은 갈 때마다 팔딱거리며 살아 숨 쉰다.

<토닥토닥>은 자유롭게 움직이는 유기체다.

작은도서관 전체가 마치 무대인 듯

공연을 막 끝낸 모습처럼 어수선하게 보이기도 하지만

들여다보면 곳곳마다 에너지와 인정이 넘친다.

이곳은 무대가 되었다가, 도서관이 되었다가

토론장이 되었다가, 쉼터가 된다.

강의도 듣고, 연극도 만들고, 공연도 하고, 독서모임도 한다.

공간은 틀이 잡혀 있지 않아 필요에 의해 언제든지 변할 수 있다.

<토닥토닥>이 다목적문화커뮤니티 공간이라 불리는 이유다.

그럼에도 이 공간의 주인은 책이며, 책이 중심이다.

책을 떠나서 이루어지는 일은 없기 때문이다.

어린 유아부터 어린이, 청소년, 성인과 시장을 오가는 어르신들까지

모두 책으로 즐겁게 놀고 소통한다.

할머니가 지은 이야기를 청소년들이 낭독하고

언니 오빠들은 어린아이들에게 책을 읽어 준다.

도서관 여기저기에서 책들이 말을 건다.

스치는 곳마다 '나는 어때? 읽고 싶지 않아?'라며 눈을 맞춘다.

한쪽 벽을 지키고 계신 권정생 선생님도 만난다.

이들의 마음에 가닿아 있는 사람이 누구인지 알겠다.

강아지똥이 되려는 사람들이다.

청소년 아이들은 강아지똥이 피워 낸 민들레겠구나.

훨훨 홀씨 되어 세상 여기저기에 가 닿겠구나.

<토닥토닥> 작은도서관은 동네 사람들의 즐거운 상상에

힘을 불어넣어 주는 곳이다. 특히 눈에 띄는 건 청소년들이다.

어느 공간에나 밝게 웃는 청소년들이 가득하다.

무엇이 까칠한 청소년들의 표정을 이렇게 만들었을까.

도서관 한쪽에 세워진 칠판에는 청소년들과 작당한

많은 계획과 이야기들이 담겨 있다.

청소년 프로그램은 청소년을 주체로 세워 내는 과정이 단연 돋보인다.

이야기를 들어 주고 힘을 북돋아 주면

생각한 것 이상을 만들어내는 청소년들의 힘.

다문화그림책도서관 토닥토닥

그것을 믿는 어른들이 있기에 가능한 일이다.

들어 주는 어른이 있으니 빗나갈 일이 없다.

언제나 친구처럼 찾아와 말을 걸고, 그 말에 답을 해 줄 수 있는

마음을 가진 사람들이 수두룩하다.

이렇게 사람들이 사람을 빛나게 만든다.

책이 있는 곳이라면 어떤 도움이든 청하고 받는 모습에서

이곳의 에너지와 힘이 느껴졌다.

세상 사람들은 자기만의 상처로 많이 힘겨워 하고 있다.

토닥토닥! 누군가 위로가 필요할 때 등 두드려 주는 그들의 토닥임은

그렇게 빛이 나고 있었다.

세월호로 희생된 아이들과 그들을 잃은 부모의 마음을 함께 토닥이며

'잊지 않겠습니다.' 했던 약속을 곳곳에서 실천하고 있다.

혼자 하지 않는다. 그들은 언제나 함께한다.

조금 부족하다 손 내밀어도 잡아 주는 사람들이 있음을

그들은 알고 있기 때문이다.

시민이 주도하고 청소년들이 자발적으로 참여하는

'책 읽는 경강선 세종인문열차' 프로젝트만 보아도 그렇다.

2017년에 시작된 이 프로젝트는 마을교육공동체 '여주사람들'과

관내 중고등 학생들로 구성된 인문학 동아리 '싸댕'이

경강선 여주역부터 펼치는 일종의 플래시몹이었다.

이 행사는 책보다는 스마트폰을 가까이하는 시민들에게

함께 책을 읽자는 메시지를 전달하는 시민독서운동이었다.

책 읽는 도시 여주를 넘어 책의 도시 여주를 만드는 데 기여했던 이 행사는

2018년도 24회를 마지막으로 종료되었지만

지금도 기발하고 획기적인 프로젝트로 회자되고 있다.

프로젝트의 파급력은 생각보다 컸다.

책의 도시로 성장한 여주시는 이 프로젝트에 이어

따복공동체지원센터에서 주관하는 주민제안 공모사업을 통해

조금 특별한 약방 프로젝트를 시작했다.

마을과 지역의 문제와 청소년기의 고민,
성인, 어르신들의 힐링을 위해
지역 공동체와 전문가들과 함께
책처방전을 제공하는 프로젝트였다.
'책방약방 다독다독' 약봉지에는
'하루 세 번, 식후 30분 꼭 복용하세요'라는
손글씨 문구를 적어 책과 함께 처방된다.

#여주사람들 #책나루터 #다문화그림책도서관_토닥토닥
#토닥토닥책보따리 #책방약방토닥토닥 #책읽는경강선 #무슨책읽어?
#어떤책읽니? #함께읽을래? #책스타그램 #bookstagram #도서관친구들
#도서관맞팔 #책팔 #북스타그램 #북팔 #bookfollow……
수많은 해시태그가 그간 수많은 활동을 해왔던
바쁜 <토닥토닥>의 이야기를 전하고 있다.
행복은 그냥 이루어지지 않는다.

A D D 경기 여주시 세종로14번길 9 3F
T E L 0505-3654167

작고 온정 넘치는 마을 사랑방

북면바로내 작은도서관

탄성이 절로 날 정도로 경치가 좋은 날,

천안 시내에서 30분 거리에 있는 동네 북면으로 진입했다.

야트막한 산들이 동네를 감싸고 나무가 뿜어내는 초록빛이

맑은 햇살과 함께 동네 전체를 비추고 있었다.

봄이면 만개할 벚꽃길을 벗어나 조금 들어간 곳에

지역아동센터와 함께 <북면바로내> 작은도서관의 간판이 보인다.

한 무리의 아이들을 삼삼오오 모여 건물로 들어간다.

나도 재빨리 아이들을 따라 작은도서관으로 들어섰다.

작고 아담하지만 따뜻하게 꾸며진 도서관이다.

단정히 꾸며진 열람실에 걸린
그림들이 눈에 들어온다.
한참 그림 구경을 하다 보니
시간 가는 줄 몰랐다.

아뿔싸, 시계를 보니 이미 약속 시각보다 늦었다.
좋은 경치에 정신을 빼앗기고, 그림에 신경을 쓰다가
처음 뵙는 관장님을 기다리게 만들다니!
언제 올까 기다리는 사람의 마음을 헤아리지 못한 나 자신을 꾸짖었다.
게다가 먼 외지에서 오는 낯선 방문객 아닌가.
서둘러 관장님을 찾았다. 나의 우려와 달리 환하게 맞아주셨지만
나는 다시 한번 나를 질책했다.
관장님과 인사를 나누고 서가가 보이는 곳에 자리를 잡고
동네에 대한 이야기를 듣기 시작했다.

우리 동네에는 작은도서관이 있습니다

생각대로 귀농한 사람들이 많은 동네였고,

천안시에서도 좀 안쪽에 있다 보니 문화시설을 향유할 만한 곳이 없어

주민들 스스로 작은도서관을 만들어 줄 것을 요구했다고 한다.

방과 후 아이들의 마을학교인 지역아동센터와 함께

<북면바로내>가 지어져 마을회관의 역할까지 톡톡히 해내고 있다.

이곳도 폐교 위기에 놓일 정도로 아이들의 수가 줄어들고 있었다.

다행히 이주해 온 분들의 어린 자녀들이 있었고

폐교 위기는 그렇게 막을 수 있었다고 한다.

이곳은 작은도서관을 만들기 위해 함께해 온

마을 사람들의 공동체 '씨앗마실'과

공립작은도서관 사서 2명이 교대하며 근무하고 있다.

<북면바로내>의 서가에 꽂힌 책들은 모두 정갈하고 훌륭하다.

이곳에 오는 분들의 지향하는 바가 무엇인지 들여다볼 수 있다.

한쪽에 따로 어린이들이 볼 수 있는 그림책 서가도 마련되어 있는데

많은 양의 도서를 갖추는 데 초점을 맞춘 것이 아니라

적은 양이어도 양질의 도서를 갖추려고 하고 있다.

그림책의 표지가 어린이들에게 그대로 보이도록 진열되어 있다.

어린이들은 단번에 자기가 원하는 그림책을 집을 수 있으리라.

다른 공간에서는 동아리 활동이 한참 진행 중이다.

알고 보니 처음부터 시선을 끌었던 그림들도

이 지역에 사는 화가가 지역 주민들과 함께 만들어 낸 작품이었다.

그림동아리, 기타동아리, 바둑동아리, 그림동아리 등이 운영되는데

강사 지원비가 넉넉하지 않아 지속성이 유지되지 않는 것이

무척 안타깝다고 하셨다.

하지만 주민들의 다양한 모임에 도서관 공간이 활용되는 등

점점 더 많은 주민이 도서관의 모든 것을 공유해 나가고 있다고 했다.

그래, 작은도서관의 의미와 필요성은 그렇게 새겨지는 게 아니던가.

서가의 한 편을 보니 다양한 씨앗이 작은 병에 담겨 있다.

고장에서 나는 토종 씨앗을 보존하기 위한 노력과

그 씨앗에 얽힌 이야기들을 모아 나가는 과정에

바로 토착민과 귀농인들 사이를 잇는 연결고리 같은 역할을 했나 보다.

이것이야말로 지역의 정체성을 살리며 주민과 소통하는

작은도서관의 중요한 역할이다.

북면바로내 작은도서관

마을공동체 '씨앗마실'은 북면마을신문을 통해 마을의 소식과
<북면바로내> 작은도서관의 많은 동아리들의 소식을 전한다.
마을신문이 한 호 한 호 늘어갈 때마다
마을 사람들의 기록이 담기는 것은 물론 서로 간의 거리도 가까워진다.
이 신문이 도서관에 쌓이니 또한 역사가 쌓인다.
도서관지기로서 많은 일을 하는 건 아니라는 겸손한 관장님도
학교와 마을의 여러 일에 관장의 이름으로 참여하고 있다.
이 모든 것이 지역이 더욱 발전하고 사람들이 찾는 곳이 되길 바라는
마음이 담긴 행동이자 실천이 아니겠는가.
이런 노력이 모인다면 아름다운 이 작은 마을은
누구나 살기 좋고 인정이 넘치는 마을이 될 거라 의심치 않는다.
봄이면 내를 따라 18킬로미터의 벚꽃길로 장관을 이룬다니
다시 봄에 북면을 찾아오리라 마음먹는다.
벚꽃축제는 이 마을의 자랑거리다. 지나왔던 신작로 길이
봄이면 화사하게 흰 꽃송이가 날리는 그림을 마음에 그려 보았다.

마지막 인사를 나누며 작은도서관 문을 닫고 나오려는데
관장님 곁에서 조용히 책을 읽고 계시던 분이 슬며시 일어나
관장님과 함께 밖까지 나와 배웅을 해 주신다.
그제야 그분이 바로 마을 사람들의 그림 선생님이며
관장님과 한집에 사는, 마을의 큰 언니 같은 분이라는 걸 알았다.
함께 계신 모습이 정말 보기 좋아
작은도서관 입구에서 나란히 서 계신 사진을 찍어드렸다.

마을의 커다란 느티나무처럼
마을살이를 돌보는 든든한 작은도서관으로
부디 마을 사람들 곁에 오래 남아 있길.
내년 봄, 벚꽃 필 때 꼭 놀러 오겠다는 인사를 하고
밭을 돌보러 총총걸음 내딛는 관장님의 뒷모습을 바라본다.

A D D 충남 천안시 동남구 북면 위례성로 661-16
HOME www.cheonan.go.kr/lib/sub02_07_17.do
T E L 041-557-2332

교육과 문화시설을 제공하는 마을의 아카이브

밝맑도서관

풀무학교 개교 50주년을 기념하고, 홍동 마을 사람들에게

교육, 문화시설을 제공하기 위해 세워진 <밝맑도서관>을 찾았다.

풀무농업고등기술학교로 유명한 지역이며

위대한 평민을 길러내는 터전, 그들이 생활을 펼치는 마을,

이곳에서 이루어지는 마을학교, 독서동아리 그리고 마을 아카이브.

60년 전통은 인간다움을 키우는 교육 철학이 지켜왔다.

늘 함께 모여 의논하며 한 걸음씩 나아가는 마을의 정신이

도서관 앞 중정이 말하듯이 건축으로 구현된 곳.

마을에 필요한 곳들이 하나둘 생겨나가는 속에는

풀무학교 학생들이 자치적으로 운영하는 풀무생협도 있다.

마을로 이전해 들어온 사람들,

녹색평론을 읽고 환경을 생각하며

자급자족을 할 수 있는 마을을 만들어 내려 한다.

우리의 먹거리를 소중히 지키려는 곳으로 만들고자 한다.

땅을 일구고, 땀을 흘려 노동하는 사람을 소중히 여기고자 한다.
채규철 선생님을 기리며 어린이집 옆에 <밝맑어린이도서관>이 생겼고
거둔 씨앗을 지키고 나누는 일을 하는 <홍성씨앗도서관>이 더불어 있다.
'마을'의 가치와 일들에 많은 사람이 관심을 가지면서
홍동이 핫하게 떠오른 마을 만들기 견학 장소가 된 건 사실이다.
하지만 60년의 세월 동안 일구어온 마을의 진정한 모습은
겉모습만 따라 한다고 갖춰지는 건 아니다.
하루의 견학으로 이 마을을 이해한다고 감히 이야기할 수 있을까.
매일 공론의 장을 펼치는 마을 주민들이 마음을 모아가는 과정이
어찌 쉽게 단번에 이루어질 수 있었겠는가.
유행처럼 번지는 마을 만들기에 빠져 있는 것은 아닌지 고민해야 한다.
여러 사람의 품이 없이는 이루어 낼 수 없는 일이며,
품이란 마음이 움직여야 진정성을 발휘하는 것이기 때문이다.
쉽고 빠른 길을 선택하지 않은 삶, 노동하는 삶, 흙에서 배우는 삶들을
마을 사람 전체로 합의를 끌어 내기까지 보여왔던 실천의 삶들 속에서
이루어 낸 결과물들이 지금 홍동을 만들었다. 그저 겸허하게 배울 뿐이다.

사실 내 둘째 아이가 풀무학교를 다니고 싶어 했다.

농사를 짓는 삶을 선택하고자 했다.

어린 나이였지만 풀무의 정신을 배우고자 하는 마음이 기특했다.

그러나 쉽게 허락되지는 않았다.

풀무학교에 떨어지고 일반고등학교에 다니는 내내

고민과 갈등은 이어졌고 지금도 진행 중이다.

이곳을 돌아보는 내내 부러움과 아쉬움이 교차하는 마음을 숨길 수 없다.

밝맑도서관

채규철 선생님의 《ET 할아버지와 두밀리 자연학교》에 실린
선생님 스스로 물으셨다는 질문이 떠오른다.
"이 어린이들을 나의 그대로 모실 자격을 그대는 가졌는가?"
평생을 이 질문에 답을 찾으며 사셨던 채규철 선생님과
늘푸른어린이도서관 엄마들과 아이들과 함께
두밀리 자연학교에서 하룻밤을 머물렀던 기억이 난다.
하룻밤의 기억이지만 아이들은 아이들대로 엄마들은 엄마들대로
마음껏 웃으며 자신을 드러내며 놀았던 기억을 잊을 수 없다.
항상 자신에게 솔직하고 있는 그대로를 인정하게 하는 마음을
놀이와 연극으로 펼치게 해 주었던 하룻밤의 기억이
작은도서관을 하는 내내 마음속 나침판이 되어 주었다.

채규철 선생님은 자신의 저서에 이미 예견이라도 하듯
덴마크 자유학교와 풀무학교에 대한 이야기를 담아냈다.
우리가 새겨야 할 가치를 한발 앞서 이야기하고 실천하고 계셨다.
세상이 참 더디게 바뀌어 이제야 조금씩 그 가치를 이야기하고 있다.
풀무학교는 교장 홍순명의 철학이 그대로 담겨 있는 실천의 장으로
학교와 마을공동체의 결합 지점에서 홍동을 돌아보게 한다.
<밝맑도서관>을 주민과 함께 운영해가는 도서관으로 제안하고
주민의 품 안에서 성장하게 한 분도 홍순명 선생님이다.
'평화사상과 정신을 기르는 홍동밝맑도서관'
<밝맑도서관>의 간판에 새겨진 문장이며 정신이다.
이 도서관을 통해, 이곳에 머물고 있는 책들을 통해
서로 조화를 이루며 살아가는 새로운 세상을 꿈꾸며
사람을 차별하지 않고, 사람에 대한 평화와 사랑의 실천이
이루어지게 하는 기본이라는 생각이 든다.

어쩌면 느린 호흡이어서 좋았는지 모른다.
그것이 더 힘들었을지도 모른다는 생각도 든다.

밝맑도서관

더 빠르고 번듯한 것, 최고여야 하는 것,
무엇인가 채워져야만 한다는 조급함이
작은도서관을 운영하는 내내 마음을 다그쳤었다.
뒤를 돌아보기보다 앞으로 나아가기 위한 채찍만 휘둘렀던 시절이다.
<밝맑도서관>의 공기가 나의 결기를 되새기게 한다.

|

작은도서관으로 마을에 올곧게 심어야 하는
생각과 품들은 무엇인가.
모든 것을 다시 돌아보게 하는
<밝맑도서관>에서의 시간은 어쩌면
초심을 불러일으키는 자극이었다.
집으로 돌아와 더 깊이 알고 가지 못함에
그리고 알려고 하지 않은 게으름에 채찍질하며
홍순명 선생님의 책을 들었다.
《들풀들이 들려주는 위대한 백성 이야기 1, 2》,
《풀무학교는 어떻게 지역을 바꾸나》,
《마을을 품은 학교공동체》의 일독을 권한다.

|

A D D 충남 홍성군 홍동면 광금남로 658-7
T E L 041-634-2333

밝맑도서관

제1호 무주 프로젝트 공간

무주만나작은도서관

청정 무주에서 만난 <무주만나작은도서관>,

고 정기용 건축가의 제1호 무주프로젝트 공간이다.

도서관 창밖으로 보이는 마을의 모습이 고즈넉하다.

쨍쨍 더운 여름 아래 잔뜩 햇볕을 머금은 도서관,

그러나 이제 책으로 공간이 가득 채워져 넘치는 책이 수두룩하다.

도시에 근무하며 건강을 잃었던 도서관지기는

이곳의 사서로 일하며 건강도 되찾고, 결혼도 하고, 멋진 아들도 얻었다.

어르신이 많아진 마을 무주, 그러나 푸른꿈고등학교와

만나지역아동센터의 학생들이 마을을 젊게 채우고 있다.

마치 오랜 인연처럼 그냥 앉자마자 이야기를 시작한다.

허물없이 살아온 이야기, 살아갈 이야기,

조용해 보이는 이 마을에도 도시 재생 이야기가 있다.

좀 더 사람들이 필요로 하는 공간으로의 이전 고민도 털어 놓아본다.

더위를 식힐 겸 작은도서관을 나서 잠시 바깥나들이도 해 본다.

무주만나작은도서관

무주는 겨울이 참 멋진 곳이다.

기억에는 그렇다.

크리스마스 카드에서나 본 것처럼

눈이 소복이 쌓인 마을 집집마다 뿜어져 나오는 불빛들.

그 사이로 또 눈이 내리는 경치를 떠올려본다.

겨울 즈음에는 또 어떤 모습으로 변해 있을까?

A D D 전북 무주군 안성면 진성로 2393
HOME cafe.daum.net/mujumanna
T E L 070-8802-6000

배우고 실천하며 꿈을 키우는 공간

탄현작은도서관

파주에는 집에서 걸어갈 수 있는 작은도서관들이 많다.

도서관이 사람을 키우고, 아이를 키우고, 마을을 키운다는 생각으로

작은도서관 만들기 운동을 벌였던 시민들이 있었다.

시민들이 주축이 되어 일어난 이 운동 덕분에

지금은 파주 전역에서 작은도서관을 만날 수 있다.

가는 곳마다 다양한 모습을 보이는 파주, 참 아름답다.

아파트가 즐비한 신도시 같기도 하고, 시골 마을 같기도 하다.

<탄현작은도서관>은 새롭게 조성된 신도시와는 떨어진 곳에 있다.

주민들 스스로 작은도서관을 요구하고

이렇게 멋진 공간을 만들었다고 한다.

그러니 운영도 스스로 알아서 척척이다.

사람 좋아 보이는 푸근한 관장님도

도서관을 지키는 활동가도 모두 마을 주민이다.

탄현작은도서관

ADD 경기 파주시 탄현면 소금쟁이길 71
HOME www.smalllibrary.org
TEL 031-946-0350

우리 동네에는 작은도서관이 있습니다

구석마다 아기자기 꾸며진 공간에

책들도 참으로 알차게 눈에 들어온다.

공립도서관의 공간답지 않게 사람의 손길이 많이 느껴진다.

작은도서관 앞 넓은 잔디 마당에서는 아이들이 마음껏 닭싸움을 한다.

이곳에서 매년 많은 일이 벌어지겠구나 생각하니

절로 웃음이 새어 나온다, 참 좋아서.

이렇게 함께 동네 친구를 만들어 주는 곳,

안심하고 서로의 이웃을 만들어 가는 곳,

배우고 실천하며 나의 꿈을 나 스스로 가꾸어 가는 곳,

<탄현작은도서관>이다.

참으로 외진 곳에 작은도서관이 있다.

이곳이 없었다면

얼마나 외로웠을까.

작은도서관 문을 용기 있게 열면

어서 오시라며 이웃이 반긴다.

그게 작은도서관의 힘이다!

생활과 책, 문화가 만나는 복합문화공간

달리작은도서관

늘 더 넉넉한 시간을 가지고 찾아가고 싶은 도서관이 있다.

모자란 시간과 바쁜 일정 때문에 마음에만 담아 둔 도서관이 있다.

<달리작은도서관>도 그런 곳이다.

그리고 드디어 상상만 하던 그곳을 찾게 되었다.

제주에 있는 도서관이라는 막연한 상상 때문이었을까.

너른 바다와 오름 같은 풍경을 자랑할 것 같았던 그곳은

제주의 도심 속에, 사람들의 가까운 곳에 자리 잡고 있었다.

그러나 <달리>의 문을 열고 들어가는 순간 알았다.

이곳은 상상만큼 새롭고 특별한 공간이란 것을.

<달리>는 따뜻하고 고요했다.

혼자 종일 책을 읽으며 나 중심의 시간을 보낼 수 있을 것 같다.

책상 위 흙으로 빚은 두 마리의 말들이 '여기는 제주예요'라고 말을 건다.

페브릭 커튼들과 벽돌을 이용한 책꽂이들, 자연 소재를 활용한 인테리어는

이곳을 더욱 편안하게 느끼도록 한다.

<달리>는 주체, 구성, 운영 면에서부터 다른 고민을 시작했다.

지역에서 새로운 문화 생산과 교류의 장을 만들고,

즐거운 문화 사랑방을 꿈꾸는 여성 세 명이 시작해

지금은 다섯 명의 달리지기들이 함께하고 있다.

달리지기는 제주여성영화제 집행위원장도 겸하여 맡고 있다.

<달리>는 편하면서도 편하지 않은 여성들의 세상 이야기를 닮았다.

그래서였을까?

뭔가 준비되지 않은 날 것의 만남으로는

내 속내가 다 드러날 것 같은 느낌.

그러나 달리지기와의 만남은 세심했고 따뜻했다.

달빛 아래 들리는 책 읽는 소리, 그렇게 붙여진 이름 '달리'.

거기에 더해 달리 보고, 달리 느끼고, 달리 생각해 본다는

'다름'의 의미도 함께 가지고 있다.

<달리>는 지역주민들의 교양을 높이기 위한 행사를 꾸준하게 벌이고 있다.

그중 눈길을 끄는 것은 '2009-2019 year 달리 記'.

이번 달엔 올해로 개관 10주년이 된 달리도서관을 한결같이 지켜온

토토 님과 함께하는 시간으로 준비되고 있다고 한다.

잠깐 동안 누군가 토토 님에 대해 쓴 소개 글을 읽어 보았다.

달리작은도서관

"책, 영화, 108배, 걷기, 숲, 음O를
사랑하고, 낯선 사람들을 만나며
달리도서관과 10년을 함께하였습니다.
2009년 지인들과 작은도서관을 하겠다며
공간을 꾸미고, 책장에 책을 채우면서
즐거워했던 모습이 눈에 선합니다.
청춘의 대부분을 여성운동단체에서
보내다가 어느 날 훌쩍 떠나서는 어떤
모습으로 살아갈지 궁금했는데, 전보다는
훨씬 덜 진지한(^^) 모습인 달리지기
'토토'로 우리 앞에 나타났습니다.

시작을 함께했던 달리지기들이 하나둘 떠나고 새로운 달리지기들과
함께하고 있는 토토의 지난 10년, 앞으로의 10년이 궁금합니다."

'이어달리기(year달리記)'란 기발한 작명처럼
<달리>가 준비하는 프로그램은 정말 다양하고 새로웠다.
인문학이 클래식을 만날 때, 누드 크로키, 숲길 초대, 드로잉 강좌,
달리랑 올레걷기, 오름오르기, 문화예술워크샵, 그림자극장 등
손으로 꼽을 수도 없을 만큼 멋진 프로그램들이다.
<달리>의 대표 프로그램도 눈에 띈다.
시를 필사하고 시와 시인에 대해 이야기를 나누는 '달필수다'와
'내가 세상을 만나는 방법, 요리 무쉡 김효정'이다.
'무쉡'이 무슨 뜻이냐 물었더니 '무조리실협동조합 메인쉐프'란다.

무조리실이라는 개념도 참으로 신기하다.

무정형, 무공간, 무경계부엌을 지향하는 협동조합이다.

서로가 낯설지만, 모두 관계맺기를 좋아한다.

책과 만나고 요리와 만나고 사람과 만난다, 그리고 배운다.

블로그에는 '무쉡'에 대한 소개가 이렇게 올라가 있다.

> '무조리실협동조합은 요리를 통해 소통하고 삶과 관계를 확장, 공유하는
> 곳입니다. 우리 삶을 지탱해준 음식과 사람을 만나려고 합니다'

시간의 흐름만큼 이제는 함께 가자 손을 내밀어 준다. 그래서 고맙다.

이야기를 나누다 잠시 숨을 고르는데 한 권의 책이 눈에 띈다.

해녀들의 이야기가 담긴 아름다운 그래픽노블, 현아선의 《Diver》.

제주에서만 볼 수 있는 비매품 책이다.

1940년으로 이야기가 시작되어 숨비소리 토해내며 낳은

아이의 성장기가 글 없이 그림으로만 소리를 내고 있다.

산달이 다 되어 보이는 여인이 물질을 하러 바닷속으로 들어간다.

그리고 이어지는 산통, 마침내 바닷속에서 아이가 태어난다.

아이는 바다와 함께 자란다. 여전히 물질하는 엄마를 기다리며.

그녀 또한 엄마를 닮은 해녀가 된다.

제주 여인들의 삶이 고스란히 담겨 있는 그림책을 우연히 만나다니
이 역시 이곳과 나의 진한 인연 때문이 아닌가.

|

한 번쯤 나를 위한 시간을 내어 본다면
<달리>에서 일주일, 아니 한 달쯤
같이 책도 보고 이야기도 나누며
제주이야기, 사람이야기, 책이야기 하다
먹고 자다, 자다 먹다 책보다 하리라.
제주 <달리>로 가시라.
당신 마음을 울릴 진한 이야기를 그곳에서 만나보시라.

|

A D D 제주특별자치도 제주시 신성로12길 21-2
HOME cafe.daum.net/dallibook
T E L 064-702-0236

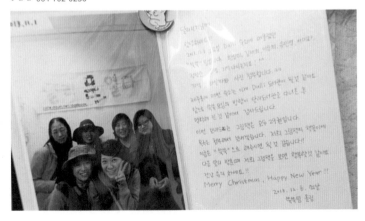

지역 주민들의 소통과 휴식의 공간

떡갈나무숲 작은도서관

김해 율하 지구에 위치한 떡갈나무숲 작은도서관은

주공아파트 단지 내에 있는 아파트도서관이다.

김해는 작은도서관의 지원이 체계적이고 계획적이다.

책 읽는 김해 조성 과정을 통해 김해시와 아파트 입주자대표회의가

협약을 통해 작은도서관을 조성하였다.

김해시는 작은도서관에 운영자 1인의 인건비와 도서구입비를 지원하고

김해시 공공도서관과 협력하에 다양한 독서프로그램을 지원하고 있다.

떡갈나무숲도 이 과정을 통해 조성된 작은도서관이다.

아파트 작은도서관의 가장 어렵고 해결하기 힘든 문제가 운영자이다.

떡갈나무숲 작은도서관

그러나 김해의 경우 안정적인 사서를 포함한 운영 인력을
초기부터 지원한 형태이다 보니 주민들이 스스로 운영하는 사립임에도
지속성과 안정성을 갖추게 되었다.
각 도서관마다 운영위원회를 구성하고
운영위원회를 통해 명예관장을 뽑고 있다.
대부분 초기 관장들이 지금까지 활동을 하는 경우가 많다
떡갈나무숲 작은도서관의 가장 자랑거리는 '책읽는수다' 공책이다.
개관부터 지금까지 이용자들이 대출하거나
도서관에서 읽은 책에서 감명 깊은 글귀나 느낀 점을 한 줄 평으로
이름과 함께 적는 공책이다.
매일 '책읽는수다'를 기록하는 재미에 도서관을 찾고 있다는 주민을 만났다.
이 공책 덕분에 책을 읽는 양도 늘고 책 읽기의 재미도 새로 느꼈단다.

이곳에 작은도서관이 없었다면 퇴임 후에 많이 외로웠을 텐데
매일 와서 책도 보고, 사람을 만날 수 있는 곳이 있어
정말 좋다고 하시며 활짝 웃는다.
나도 덩달아 기분이 좋다.

작은도서관이 우리 동네에 있다는 건
그래서 작지만 큰 행복이다.
이 행복은 부디 놓치지 말길.
그 안에서 다른 행복을 찾아가길.

A D D   경남 김해시 율하동 1403 율현주공13단지
        1309동 1F
HOME cafe.naver.com/ferestlibrary
T E L 055-329-8005

떡갈나무숲 작은도서관

주민이 함께 만드는 맞춤형 책놀이터

고촌휴먼시아 작은도서관

해마다 부산시민도서관에서 열리는 작은도서관교육에 간다.

강당을 가득 채운 분들을 볼 때마다 부산에도 이렇게 많은

작은도서관 운영자들이 있구나 하고 놀라곤 한다.

꼭 부산 지역의 작은도서관을 방문해야겠다고 마음을 먹곤 했는데

다행히 지인으로부터 정보를 얻어 <고척휴먼시아>를 찾았다.

그곳을 방문하던 날,

관장님은 이미 밖으로 나와 우리를 기다리고 있다.

저 멀리 차가 들어오는 모습을 보자마자 반갑게 손을 흔드신다.

관장님을 만나고 보니, 처음인 줄 알았지만 처음이 아니다.

문화체육관광부가 지원하고 (사)어린이와 작은도서관협회가 주관하는

책친구 사업에 선정되어 교육을 받으면서 만난 인연이 있었다.

먼 곳을 찾아와 주어서 정말 고맙다며 연신 인사를 건네는데

마음도 찡, 코끝도 찡해져 온다.

도서관이 아담하고 작다. 그런데 이곳에서 벌어지는 일들은 정말 많다.

동네일들에 모두가 하나 같이 힘을 보태고 있기 때문이리라.

좁은 서가 사이에서 책을 고르고, 정리하고, 프로그램을 운영하는 일 모두

신나게, 즐겁게 하고 있다는 마음이 그대로 전달된다.

다른 곳으로 이사한 후에도 이곳을 잊지 못해

계속 찾아오고 있다는 분도 있었다.

관장님의 마음이 사람들의 마음을 움직이게 했으리라.

입주한 날부터 지금까지 아파트의 주민으로 만나

작은도서관의 자원활동을 함께하면서 맺어진 10년의 인연이

쉽게 변하겠는가. 혹 시련이 닥친다 해도

더욱 단단해질 수밖에 없지 않겠는가?

우리의 땀과 정성이 그대로 깃든 작은도서관이기에

가능한 일이라고 생각한다.

고촌휴먼시아 작은도서관

끊임없이 새로운 소식을 듣고 싶고,

새로운 것을 배우고 싶다는 운영자들의 마음에

나도 들뜬 마음이 된다.

집으로 돌아가는 길은 참 멀었으나

집으로 돌아가는 마음은 너무나 가벼웠다.

어린이에게는 꿈을! 마을엔 문화를!

동화랑놀자

부산 당감동의 어린이도서관이자 부산 사립작은도서관의 역사인

<동화랑놀자>가 새로운 곳으로 이전을 했다.

가까운 곳에 공공도서관이 생기면서 시작되었던 고민이

도서관 터를 비워야 하는 현실 속에서 결론을 맺은 것이다.

계속 이어가야 하는가? 이제 제 역할을 다 한 것인가?

여전히 어린이들과 지역 주민들의 발걸음은 계속되었지만

운영상의 어려움은 나아지지 않았다.

공공도서관의 설립이 진행되는 과정에서 바로 앞에 있는

작은도서관의 활동 경험이 공유되지 않는 현실에 대한 답답함도 있었다.

문화시설 하나 없던 그곳에서 아이들과 뒹굴고 책을 읽으며

꿈을 키울 수 있는 공간을 운영하고 유지하기 위해 노력해왔던

작은도서관의 경험이 처참하게도 무시되는 순간이

더욱 가슴에 사무치는 아픔으로 오래 기억에 남을 것이다.

민간이라고 하지만 사서를 두었고, 사서들의 책 읽기 모임을 통해

좋은 책을 도서관에 갖추기 위해 노력해왔던 시간들이

주마등처럼 지나갔을 것 같다.

하필 비가 억수로 쏟아지는 날, 새로 이전한 도서관을 찾아갔다.

부산의 주택가는 심하게 비탈길이다.

전쟁의 흔적이 이곳 부산에는 참으로 많이 남아 있다.

어떻게 이런 곳에 집이 있을까 싶을 정도로 경사진 곳에 집들이 빼곡하다.

집과 집을 마치 이어붙인 듯한 공간도 많다. 전쟁의 마지막 피난처,

이곳으로 내려와 삶의 뿌리를 내렸던 사람들이다.

동화랑놀자

<동화랑놀자>의 활동은 독서모임 등의 활동과
아이들을 위한 서비스 활동에서 이용자들을 찾아가는 활동으로
중심 이동을 하고 있다. 오프라인에서 청소년 모임을 만들기보다는
개별 청소년 이용자들에게 관심을 가지도록 책을 추천하고
독후활동을 하게끔 유도하는 식이다. 변화된 환경과 이용자의 마음에
접근할 수 있는 도서관으로 새롭게 태어나야 한다는 생각에서다.
이런 노력은 책을 통한 공동체를 만드는 과정이고,
도서관을 가장 도서관답게 만드는 실천의 모습이리라.

새로운 터전을 마련하는 과정은 순전히 이용자들이 결정했다.
그래도 아직은 <동화랑놀자>가 지역에서 해야 할 일이 있고,
마을 사람들과 부대끼며 그들의 품이 되어 주어야 하니
이제 이곳은 이용하는 모든 사람이 함께 운영하기로 한 것이다.

개관부터 지금까지 이곳을 지키고 있는 관장님은
그 사이 백발의 중년이 되었으나 해맑은 웃음으로 말한다.
이곳에서 잘 살아온 결과로 책임을 함께 나눌 사람들이 발 벗고 나섰으니
이제 뒤에서 응원하며 돕는 일이 내 몫인 것 같다고.
무급 관장의 길, 오히려 작은도서관 운영에 돈을 보태야 하는
사립작은도서관 관장의 길.
누구도 알아주지 않은 일이지만 해야 하는 일임을 알기에
묵묵히 걸어온 그 길이 얼마나 힘겨운지 알기에
비탈길 걸어가는 그의 뒷모습에 눈시울이 붉어진다.
새로 이전한 <동화랑놀자>는 화려하지 않지만 편안하다.
가내수공업을 하던 곳이라 노출된 천장에서 그 흔적이 그대로 느껴진다.
노동의 흔적이 아름답게 느껴지도록 이곳에서의 만남이
사람들의 노동을 더욱 빛나게 하는 공간으로 발전하길 바란다.

｜

시를 읽고, 읽으며 걷고, 아이들을 환대하고,
청소년들이 그들의 문화를 만들게 장을 내어 주는 곳,
자발적 노동의 공간으로 다시 태어난
<동화랑놀자>의 새 출발을 응원한다.

｜

A D D 부산 부산진구 당감서로 119 2F
HOME cafe.daum.net/donghoarang
T E L 051-819-6150

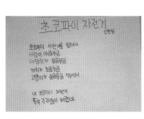

복지관 안에 자리 잡은 어린이들의 희망 공간

내보물1호도서관 & 한울타리도서관

제천은 나에게 언제 가도 참 좋은 곳이다.

아마 금산에서 기적의도서관 개관 준비를 하던 기억 때문일 것이다.

먼저 개관한 제천기적의도서관을 운영 모델로 삼아

관장님과 운영진들에게 조언을 듣고 자원활동가들이 꾸미는

다양한 활동들을 배우는 자리를 마련하였다.

서로 처음 해 보는 것이라 하는 것마다 새롭고 신기했다.

계절에 맞추어 동네 어르신들이 아이들에게 화전을 부쳐 주고,

풀피리 만드는 법을 알려 주고, 황토방에서 옛날이야기 들려주고.

그런 활동이 가능했던 도서관에서의 나날은 이름 그대로 기적 같았다.

그렇게 제천을 오가며 좋은 사람들을 흠뻑 만난 기억이 있다.

제천은 유니세프 아동친화도시이다. 그 이름에 걸맞게
다른 지역에서는 찾아보기 힘든 아동복지관 두 곳이 있다.
바로 제천 하소동과 신백동에 각각 자리한 복지관이다.
두 곳의 아동복지관에는 <내보물1호도서관>과 <한울타리도서관>라는
두 개의 작은 어린이도서관이 예쁘게 꾸며져 있다.
운영을 책임지는 두 관장님은 책과 관련된 일이라면
맘과 몸을 모두 내어 활동한다.

아이들에게 '책'은 단순히 지식을 위한 도구가 아니라
'삶'을 키우고 성장시키는 마음의 보물이다.
그래서 복지관에서 가장 소중하고 아름답게 꾸며진 곳이 바로 도서관이다.

내보물1호도서관 & 한울타리도서관

우리 동네에는 작은도서관이 있습니다

작은도서관 이름도 참으로 재미있다.

내보물1호가 책이 되었으면 하는 바람을 담은 <내보물1호도서관>,

아이들의 울타리가 되어주는 듯 <한울타리도서관>이다.

두 도서관 모두 북스타트 대상의 영아부터 청소년들에게 이르기까지

더불어 이들을 키우는 부모와 함께하는 마을의 가장 소중한 공간이다.

독서동아리 운영, 작가와의 만남, 인문강좌 운영 등

책 읽는 환경을 갖추고 책을 읽는 문화를 만드는 일이

아이들과 청소년들의 삶을 성장시키는 가장 중요한 과정임을 몸소 실천하는

관장님 이하 직원들의 모습은 항상 밝고 정직해 보인다.

2017년에는 두 곳 모두 공간을 새롭게 단장하면서

좀 더 편안하고 쾌적한 아이들의 공간을 제공하게 되었다.

<내보물1호도서관>은 1층에 장난감도서관도 함께 운영하게 되어

아이들에게 책 읽기는 물론 놀이의 즐거움도 알려 준다.

<한울타리도서관>은 바로 앞에 과수원이 자리 잡고 있어

사계절 자연의 변화를 그대로 볼 수 있다.

이런 자연친화적 환경 덕분에 바쁜 일상 속에서 쉼과 여유를 준다.

더불어 도서관과 함께 꾸며진 동화 속 주인공들의 캐릭터들과

다양한 나라에서 온 책들을 전시해 놓은

별천지 공간을 구경하는 재미도 쏠쏠하다.

책을 좋아하게 하는 마음을 전하기 위한

운영자의 노력이 돋보인다.

내보물1호도서관 & 한울타리도서관

<하소아동복지관_내보물1호도서관>
A D D 충북 제천시 용두대로23길 26
HOME www.hasokid.kr
T E L 043-646-7722

<신백아동복지관_한울타리도서관>
A D D 충북 제천시 관전로2길 6
HOME www.sbkid.kr
T E L 043-652-0070

이 두 곳의 작은도서관은
제천의 어린이들이 맘껏 신나게 이웃을 만나고
친구를 사귈 수 있는 안전한 공간으로 거듭나고 있다.
어린 시민의 인권을 존중하고, 가정의 형편에 따라 차이가 나지 않고
아동의 권리가 소중히 존중되는 지역을 만들어가고자 하는 의지는
바로 이 두 곳에서 실천되고 있다.

"사회라는 공동체 안에서 살아가는 개인에게는
동료 시민이 있습니다. 우리에게는 남녀노소를 불문하고
내 말에 귀를 기울이며 내 의견에 동조하고,
올바르지 않은 주장에 어깨 걸고 함께 싸워 주는
동료 시민이 필요합니다.
나 또한 누군가에게 동료 시민이 될 수 있습니다.
- 《어린 시민》(아거 지음, 창비 교육) 중에서."
<내보물1호도서관>과 <한울타리도서관>은
제천의 어린이와 청소년들과 동등하게
동료 시민이 되어 주고 있는 공간이다.

내보물1호도서관 & 한울타리도서관

자연 속에서 책과 시와 생명을 노래하는 작은도서관

하늘선도서관

밭은 해마다
젖이 많은 엄마처럼
아이들을 먹여 살립니다.

이해인 수녀님이 쓴 밭의 노래의 일부이다.
이 시를 꼭 닮은 작은도서관이 있다.
토요일 이른 아침, 아이들은 도서관이 아닌 밭으로 나온다.
오늘은 밭에서 실한 무를 뽑는다. 초록 머리를 풀어 헤치고
하얀 얼굴을 쑥 내밀고 있는 무를 있는 힘껏 뽑아본다.

아침의 노동은 아이들을 웃게 만든다.

책밭, 파주의 <하늘선도서관>은 밭도서관을 가지고 있다.

밭도서관에는 어린 농부들이 읽을 책들도 함께 와 있었다.

무와 당근을 뽑고 아이들 모두 책밭에 들어가 책을 본다.

방금 자기 손으로 묶어 준 배추와 무의 이야기가 책에도 있다.

책의 내용을 자세히 이해할 수 있으니 어린 농부는 오늘 또

소중한 것 하나를 몸으로 익혔을 것 같다.

책을 읽던 아이들 모두 다시 밭으로 나가 신나게 놀이 한판을 벌인다.

나무토막을 머리에 올리고 살금살금 걸어가

금 위에 올려진 다른 나무토막을 맞춘다.

가슴에도 올리고, 발등에도 올리고

조심스럽게 망을 맞추어 보지만 쉽지 않다.

게임만 하던 아이들인 줄 알았더니

하늘선도서관

이렇게 흙에서 뒹굴며 흙바람을 날린다.

자연과 함께하는 아이들의 웃음소리를 듣고

배추도 자라고 무도 자라고 당근과 고구마도 잘 자랐나 보다.

흙을 만지며 놀 수 있는 책밭을 가진 <하늘선도서관>이 부럽다.

관장님이 입소리로 징을 울리면

아이들이 모두 같이 큰 소리를 하늘로 질러댄다.

시끄럽다 할 사람 아무도 없다. 마음껏 저 속에서부터 쌓인 마음

다 풀어낼 정도로 큰 소리가 파란 하늘에 울려퍼진다.

"얘들아, 하늘을 보자!"

"눈을 감고 바람도 맞아보자. 바람이 어디를 지나가고 있니?"

"머리 사이로요.", "손가락 사이로요."

팔을 벌리고 맞는 아이들의 모습이 행복해 보인다.

관장님과 아이들이 나누는 대화가 마치 시처럼 들려온다.

바람을 온몸으로 느낄 수 있는 아이들, 자연을 직접 안아 본 경험을

아이들은 오래오래 기억할 것이다.

밭 한가운데 구덩이를 파고 불을 지핀다.

가을 하늘로 퍼져가는 나무 타는 냄새가 좋다.

타닥타닥 나뭇가지 타들어 가는 불 위로

고구마가 올라간다. 고구마가 익어가는 동안

아이들은 다시 책밭으로 들어와 시를 쓴다.

오늘 한 일들을 하나하나 생각하며 써 내려가는

살아 있는 시, 어린이 시를 쓴다.

하늘선도서관

"나는 이 세상에서 가장 멋진 시인이야!"

관장님 따라 외치는 아이들의 소리가 책밭에 널리 울려 퍼진다.

자신감을 심어주는 관장님과 아이들의 호흡이 정겹다.

오늘 도서관에 아이들과 어른들이 함께 모인 이유는

'고구마 &무&시'라는 프로그램 때문이다.

이 프로그램은 <하늘선도서관>과 함께 <꿈터>, <봄싹>,

<대방열린>, <영혼의성>의 5개 작은도서관이 함께하는 프로그램으로

파주시 작은도서관 독서문화프로그램 지원 사업으로 이루어지고 있다.

매월 한 번씩 책밭에 모여 진행되고 있는데, 다섯 개 작은도서관에서

신청을 받고 어른과 아이가 함께 참여할 수 있다.

토요일 시간과 마음만 내면 풍성한 자연을 선물로 받아 갈 수 있다.

지난달에는 책밭에서 키운 무로 깍두기를 담아 나누었다는데

맛난 깍두기 레시피를 공유했다는 말을 들으니 군침이 절로 났다.

 덤으로 초등 1학년 어린이가 바이올린 연주로

솜씨 자랑을 해 주었다.

맛난 고구마를 먹으며 듣는 바이올린의 선율,

가을 찬바람을 맞으며 쑥쑥 자라는 배추와 무의 모습,

정말 행복한 도서관 나들이다.

ADD 경기 파주시 쇠재개울길 92-26
TEL 031-943-4058

관장님은 자연과 어린이가 닮았고,

자연 속에서 크는 아이들이 많아졌으면 하는 바람으로

도서관 앞 밭을 얻어 책밭을 일구게 되었다고 한다.

다행히 도서관과 거리가 가까워 아이들이 걸어서 책밭에 놀러 올 수 있으니

너무나 좋은 도서관 환경이다. 책밭도서관 바깥에 가지런히 벗어 놓은

흙 묻은 아이들의 장화가 더없이 정겹다.

책밭의 채소와 책을, 그리고 아이들을 사랑하는

관장님과 도서관지기 부부의 모습이 자랑스럽다.

자연 속에서 아이를 키우며 책을 읽고 시를 쓰는 그들,

그 모든 과정을 다른 이웃과 함께 나누는 그들에게

감사함과 존경의 마음을 보낸다.

그들의 웃음 가시지 않는 모습에서 진정성을 본다.

보이지 않은 그들의 노동의 땀방울이

보다 풍성한 작은도서관을 만들고 있다.

하늘선도서관

주민들이 만들어 낸 뿌리 깊은 나무

한톨작은도서관

파주는 평화의 도시이다. 통일의 일번지가 될 도시이기도 하다.

자유로로 이어지는 파주는 그 끝이 분단된 우리 땅의 현실과 맞닿아 있다.

새들도 자유롭게 드나드는 그곳을 우리는 갈 수 없다.

통일의 기운이 들썩이던 남북정상회담이 아득하게 느껴진다.

언제쯤 다시 저 길을 따라 사람과 문화가 넘나들 수 있을까.

그럼에도 시간은 계속 흐르고, 파주는 지금 변화 중이다.

더불어 파주는 출판의 도시, 도서관의 도시이다.

파주출판단지에서 진행되는 북페스티벌은 책을 중심으로 하는

축제의 정형을 다른 도시로 전파하는 데 중요한 역할을 해 왔다.

헤이리는 건축과 문화의 결합이라는 새로운 트렌드를 만들어 냈다.
파주 교하도서관과 중앙도서관은 지역 주민과 함께 만들어가는
커뮤니티의 공간으로, 변화하는 시대에 새로운 도서관으로 자리 잡고
가람도서관은 특화도서관의 모델을 선도해가고 있다.
작은도서관 정책 또한 파주작은도서관협의회를 중심으로
오랜 시간 협력하며 발전해 오는 모습을 보여 주고 있다.
특히 파주의 협력사서 제도는 다른 지역에는 없는 새로운 작은도서관의
정책 모델로 지역 주민에 밀착된 작은도서관의 역할을 살피고
서로의 소통과 지원을 만들어가는 모습을 통해 공공 - 작은도서관의
협력네트워크 모델로 자리 잡아 가고 있다.
파주 한톨작은도서관은 새로운 파주 신도시에서 1,000세대가 넘는
아파트단지에서 주민들 스스로 책 읽는 공간을 만들어 가며 시작된,
주민들이 직접 운영하는 작은도서관이다.

한톨작은도서관

<한톨작은도서관>은 주민 자원활동가 20여 명이 함께 운영하고 있다.
두 달에 한 번 정도로 작은도서관 지킴이 활동을 하게 된다.
한 톨의 씨앗이 땅에 떨어져 수많은 알곡이 만들어지듯
세상의 좋은 씨앗 한 톨이 되고자 하는 마음을 담아 지어진 이름으로
주민 공모로 선정된 이름이라고 한다.

<한톨작은도서관>은 버스 정거장으로 통하는 길에 입구가 있다.
길 건너편에는 어린이놀이터가 있다.
저녁이면 작은도서관의 불빛이 사람들의 발길을 도서관으로 이끈다.
대부분의 아파트 작은도서관들이 관리동에 있는 것에 비해
이곳은 독자적으로 지어진 것이 특징이다.
그래서 아파트의 주민이 아니더라도 누구나 이용할 수 있다.
아파트작은도서관이지만 입주민들만을 이용하는 것이 아니라는 점을
이해시키는 과정은 그리 쉽지만은 않았을 것이다.
그것이 도서관으로서의 공공성이라고 설명하기 위해서는
작은도서관의 장점이 많이 이야기되고, 그만큼 이용을 통한
도서관의 역할과 장점이 충분히 녹아나야지 가능한 일이다.

<한톨작은도서관>이 파주의 작은도서관 중에서도
가장 이용자가 많은 작은도서관으로 자리 잡게 된 데에는
이런 어려움을 잘 헤쳐가며 쌓은 다양한 경험의 힘이 크다.
주민들로부터 합의점을 끌어낼 때도, 아파트 입주자대표단이 바뀔 때도
작은도서관의 역할과 중요성에 대해 많은 설득의 과정을 거쳐야 했다.
<한톨작은도서관>은 그렇게 많은 바람을 겪고
이제 좀처럼 흔들리지 않는, 뿌리 깊은 나무가 된 도서관이다.
<한톨작은도서관>이 문을 연 지 내년이면 십 년이다.
그동안 주변 환경도 변하고 사람도 변했지만
여전히 주민들과 청소년 자원활동가들이 이곳을 든든하게 지키고 있다.
<한톨작은도서관> 앞마당에는 사방치기 놀이판이 그려져 있다.
토요일이면 청소년 자원활동가들이 어린이들을 모아 함께 논다.
이곳에 가면 앞치마를 입고 어린이들이 오기를 기다리며 책을 읽다가
아이들의 언니, 형이 되어 주는 기특한 청소년들을 만날 수 있다.
마을 아이들이 함께 커 가는 모습이 옛 동네의 골목을 연상케 한다.

한톨작은도서관

이곳의 한 청소년 자원활동가가
종이에 빼곡히 적은 글을 본다.
'어떻게 하면 한톨도서관을
더 많은 사람이 이용하게 될까?'
오고 싶은 곳으로 만들기,
유용한 곳으로 만들기 등
자기만의 한톨작은도서관에 대한 고민을 깨알같이 적고 있다.
마을 영화관, 주말 전통놀이, 주말 책 읽어주기, 만들기 놀이,
어머니들 동호회 등의 활동이 이루어지는 곳으로 도서관을 소개하며
이곳이 아이들만 뛰어다니는 놀이 도서관 같은 느낌을 벗어나면
더 다양한 사람들이 오게 될 거라는 자기 생각도 적어 두었다.

우리 동네에는 작은도서관이 있습니다

더불어 한톨도서관만의 특색이나 테마가 있으면 더 좋겠다는 생각까지
<한톨작은도서관>의 앞으로의 방향까지도 적고 있다.

고등학교 시절에 작성했고 지금은 대학생이 되었다는 그를
기회가 있으면 꼭 한번 만나보고 싶다.

<한톨작은도서관>의 자랑은 장서에 있다.

작은도서관이다보니 많은 장서보다 좋은 장서를 두자고 세웠던 원칙이
지금까지 이어지고 있다.

청소년도서와 그래픽노블 코너를 특히 더 많이 신경 쓰고 있으며,
그림책 서가에도 빼곡히 좋은 그림책들이 이용자들을 기다리고 있다.

조금만 재정적 지원이 생긴다면 책들을 더 보기 좋게 꽂을 수 있는
서가를 갖고 싶다는 바람을 내비친다.

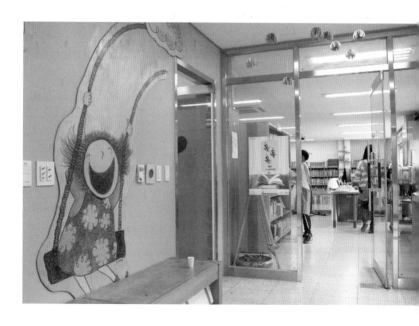

한톨작은도서관

한톨작은도서관은 파주에서 새롭게 생기는
아파트 작은도서관 설립 준비 과정에도 도움을 주고 있다.
좋은 운영 사례가 있으니 보고 배울 수 있는 작은도서관이 있다는 것은
신설되는 작은도서관에는 어떤 도움보다도 큰 도움이 될 것이다.
말 그대로 한 톨의 씨앗 같은 작은도서관이다.

참새방앗간처럼 오고 가며 이웃의 정을 키우는 도서관,
서로 좋은 책 나누며 서로의 생각을 나눌 수 있는 곳,
<한톨작은도서관>이 아파트에서
더욱 필요한 공간이 되어 가는 이유이다.

ADD 경기 파주시 쇠재개울길 92-26
TEL 031-943-4058

한톨작은도서관

예가작은도서관 / 꿈에그린도서관 / 구래작은도서관 / 운양작은도서관

김포시 작은도서관

김포. 이제 농업 중심 도시의 이미지보다 신도시의 이미지로
또 편리한 교통과 문화의 도시로 많은 사람에게 주목을 받고 있다.
김포는 <장기도서관>의 개관을 계기로
보다 쾌적한 도서관 환경과 도서관 프로그램을 마련하여
이용자 서비스를 확대하기 위해 노력하고 있다.
그러나 아이러니하게도 많은 신도시가 그러하듯
원도심과의 생활, 문화적 차이는 점점 벌어지고 있음을 느낀다.
김포에 있는 몇몇 작은도서관을 방문하고 나니 더욱더 그렇다.
김포시에는 대략 사립작은도서관이 37개 정도 있다.
<예가작은도서관>은 신도시 형성과 함께 만들어진 작은도서관으로
<장기도서관>이 개관하기 전까지 이용자가 많았다.
별다른 문화시설이 주변에 없었기 때문에 이곳 도서관이
주민들의 독서문화공간으로 활발하게 이용되었던 것이다.
서가에 책도 많았고, 잘 갖추어진 넓고 쾌적한 1층 공간이었다.

그러나 바로 길 건너에 <장기도서관>이 개관함에 따라

<예가작은도서관>을 향하는 이용자는 많이 줄어들고 있다.

훌륭한 시설과 장서를 갖추고 프로그램도 활발히 진행하는 공공도서관이

너무 가까운 거리에 조성된 것이 문제다.

<꿈에그린도서관>은 김포시종합사회복지관 2층에 자리 잡은

사립작은도서관으로, 2011년에 개관하였다.

평일 오후에 방문하여 보니 복지관을 이용하는 사람들이 꽤 많았다.

2층에 있는 도서관은 워낙 규모가 작아 들어서자마자 보이는 책상과

그 뒤로 보이는 독서실용 책상이 전부였다.

작은도서관의 이용자는 대부분 개인 공부를 하는 사람들로

도서관이라기보다 개인 학습실의 분위기였다.

이곳은 자원활동가 1인이 관리하고 있었는데

개별적으로 몇 가지 질문을 하려다가 한 이용자에게 제지당했다.

그 이용자는 큰 소리로 "여기는 도서관입니다."라고 말하며

민감하게 반응하여 자원활동가와 대화를 나눌 수 없었다.

도서관은 결코 개인 학습실이 아님에도 당당하게 정숙을 요구하는

이용자들을 보면서 도서관에 대한 인식이 어디까지인지

다시 한번 느낄 수밖에 없었다.

구래주민자치센터에 있는 <구래작은도서관>도 별다르지 않았다.
2013년에 개관한 <구래작은도서관>은 전형적인 공립작은도서관으로
장소가 비좁고 서가와 열람석이 대부분의 공간을 차지하고 있었다.
이용자들은 많았으나 학습실을 방불케 할 정도로 개인 공부에 열중하여
숨소리조차 크게 느껴지는 분위기였다.

그에 비해 2015년에 개관한 <운양작은도서관>은 사뭇 분위기가 남달랐다.
김포 한강신도시 운양동에 위치한 <운양작은도서관>은
한옥으로 지어진 운양동주민자치센터와 함께 있다.
신도시의 불편함을 해소하기 위한 조치였을까?
아파트 중심으로 조성된 신도시이지만
<운양작은도서관> 주변은 주택지로 형성되어 있고
자연을 느낄 수 있는 곳도 가까이에 있어 산책을 즐길 수 있다.

도서관 내부도 외부와 같이 한옥의 느낌을 그대로 살리고 있었다.

창호지를 통해 은은한 빛의 느낄 수 있는 창문 또한 멋스러웠다.

<운양작은도서관>에서는 1인에게 도서를 20권까지 대출을 해 주며

<김포시립도서관>과 함께 '책이음서비스'를 시행하고 있다.

다만 사서 1인 체계로 운영되고 있어 전체 운영과 관리에는

인력이 턱없이 부족한 것이 너무 아쉬웠다.

아직 지역 주민과 함께하는 자원활동은 보이지 않았다.

김포시 작은도서관

그럼에도 작은 마을 사랑방 같은 느낌의 운양작은도서관은
작은도서관이 지닐 수 있는 여유로움과 따뜻함을 가지고 있다.
마을 사람들이 고즈넉이 와서 잠시 책을 보고 갈 수 있는 도서관,
누구나 부담 없이 들러 소통하고 함께 나눌 수 있는
진정한 마을 사랑방으로 거듭나길 바란다.

작은도서관의 개수는 많지만
저마다의 역할을 제대로 해내며 주민들의 사랑을 받는
작은도서관은 그리 많지 않다.
그럼으로 해야 할 일이 너무 많다.
그럼에도 믿는다. 여태까지 그래왔듯이
좋은 책을 읽고 좋은 책을 나누려는 사람들이 모여
진정한 공동체로 만들어나가리라는 것을.

\<예가작은도서관\>
A D D 김포한강2로 11
T E L 070-7360-0961

\<꿈에그린도서관\>
A D D 경기 김포시 사우중로 100 김포시종합사회복지관 2F
T E L 031-989-8271~3

\<구래작은도서관\>
A D D 경기 김포시 김포한강9로115번길 25
T E L 031-987-0160

\<운양작은도서관\>
A D D 경기 김포시 모담공원로 32 운양주민센터 2F
T E L 031-981-9036

청개구리작은도서관 / 미래향기작은도서관

금천구 작은도서관

서울 금천구는 사람 냄새가 물씬 나는 동네로 기억한다.

서울이지만 서울답지 않다고 해야 할까.

서울답지 않다는 말이 좋지 않게 들릴 수도 있겠지만

골목에 어디든 바쁘게 움직이는 사람들로 북적이는 모습보다

여유롭고 정이 오가는 사람들을 많이 볼 수 있는 곳이기 때문에

그런 모습으로 나에게 남아 있는 것인지도 모르겠다.

금천구 역시 다른 지역과 마찬가지로 개발이 진행되고 있으며

그 자리에는 높은 아파트 건물들로 채워지고 있다.

하지만 금천의 사람들은 이웃과 소통하며 정을 키우는 모습을

언제나 오랫동안 간직할 것만 같다.

도시의 개발과 함께 금천구의 작은도서관도 새롭게 정비 중이다.
주민자치센터에 있던 작은도서관을 순차적으로 재정비하여
주민들의 책문화사랑방이자 마을네트워크의 중심기관으로
활동할 수 있도록 변화를 시도하고 있다.
<청개구리작은도서관>은 2012년에 개관하고 2018년에 새롭게 단장하여
보다 쾌적한 환경을 갖추게 되었다.

<미래향기작은도서관>도 노후한 주민자치센터를
보수하며 주민 친화적 공간으로 1층에
작은도서관을 새로 단장하고 개관하였다.
금천구 공립작은도서관은 개관과 함께
안정적인 작은도서관 운영을 위해

전담 인력을 시간제계약직 '마'급으로 채용하고
공립작은도서관의 전문적인 운영 및
독서문화프로그램 기획 및 운영, 마을공동체
연계사업 개발 및 운영을 담당하게 하였다.

금천구는 이미 '마을사서' 교육을 진행하여
작은도서관에 인력으로 배치하는 사업을
시행하고 있다. 작은도서관의 인력 채용 과정에서
'마을사서'의 경험을 인정하여 채용의 기회를
마련하고 있는 것이다. 이는 사립작은도서관의
활동 과정을 통해 제안되었으며, 작은도서관들에

필요한 인력을 보완하는 방안으로 꾸준히 진행되고 있다.

<청개구리작은도서관>과 <미래향기작은도서관>에는 이미 작은도서관의
경험을 가지고 있는 관장을 채용하여 마을 사람들을 작은도서관 활동과
연계시킴으로써 마을 속 작은도서관의 제대로 된 역할과 기능을
수행할 수 있는 기반을 열심히 닦고 있다.

한편 북스타트와 초등학교와 연계하여
책을 읽어 주는 활동을 하는 '책볶음밥사업' 등이
지역의 활동력을 가진 주민들과 연계하여
활발하게 전개되고 있다.

금천구 작은도서관

금천구 작은도서관들은
아이부터 어르신에 이르기까지
책과 사람을 잇고
사람을 성장시키는 마을의 중심기관으로
역할과 기능을 수행할 수 있도록
체계적인 관리를 시작했다.
미래를 위한 올바른 걸음에 박수를 보낸다.

\<청개구리작은도서관\>
A D D 서울 금천구 독산로 317
          독산3동 주민센터 3F
HOME cafe.daum.net/greenfroglib
T E L 02-2627-2507

\<미래향기작은도서관\>
A D D 서울 금천구 독산로 179
T E L 02-2104-5274

꿈꾸는뜰 / 낭산 / 글마루 / 배산 / 삼성어린이

익산시 작은도서관

전국 17개 시·도 중 공립작은도서관의 비율이 가장 높은 지역은
전라북도로 129개관(45.1%)으로 조사되었다.

그중 익산은 17개의 공립작은도서관과 19개의 사립작은도서관이 있다.
2019년에 익산의 11개 공립작은도서관이 생활형 SOC 지원을 받아
새로운 변화를 준비 중이다. 익산시는 다른 지역보다 빠른 2008년에
'익산시 작은도서관 설치 및 운영에 관한 조례'를 만들어
주민들에게 작은도서관을 제공하기 위한 노력을 보인 지역이다.

조례 제1조에는 시민의 정보 접근권과 알 권리를 보장하고
작은도서관의 사회적 책임과 그 역할 수행에 필요한 사항을 규정하여,
작은 도서관의 육성과 서비스를 활성화함으로써
시민의 지적 수준 향상에 따른 각종 정보·자료의 수요에 대처하고
시민의 평생교육 확대를 통한 지역문화의 창달과 복지문화 생활 향상에
기여하기 위하여 작은 도서관의 설치 및 운영에 관하여 필요한 사항을
규정함을 목적으로 한다고 되어 있다.

다른 지역과 달리 조금 특이한 조례의 내용으로는 제4조(작은도서관 선정 및 설립기준 등)이다. 내용을 자세히 살펴보면 아래와 같다.

> ① 시장이 작은 도서관을 선정할 때에는 다음 각 호의 사항을 고려해야 한다.<개정 2016.1.11.>
>
> 1. 도서관 건립 및 이용에 어려움이 있는 읍·면·동 지역
> 2. 문화소외지역(저소득층 밀집지역)으로 도서관의 역할이 가능한 지역
> 3. 주민자치센터 내 공간을 활용하여 주민의 자발적 참여가 가능한 지역
> 4. 주민의 독서의지가 강하며 연령별 수혜주민이 많고 독서 열기가 높은 지역
> 5. 지방자치 운영 기관 중 다중이용 장소 및 특색 있는 시설
> 6. 자체 운영비 및 운영요원의 확보가 가능한 지역
> 7. 지속적으로 운영관리가 가능한 지역으로 운영위원회 및 자원봉사회가 조직되어 있는 지역 또는 자원봉사회 조직이 가능한 지역

시장이 선정하는 작은도서관은 공립을 의미하는 것으로 보인다.
다른 곳과 차이는 공립으로 지정된 곳들이 교회나 아파트 등을
포함하고 있다는 것이다. 일반적으로 운영 주체의 구분으로 보면
사립에 속하는 곳들도 공립작은도서관으로 포함되어 있는 것이다.
따라서 익산의 경우 공립작은도서관의 비중이 다른 지역에 비해 높다.
아직 여러 지역에서도 공립과 사립의 구분이 명확하지 않은 지점이어서
해석의 여지가 남아 있는 것으로 보인다.
익산은 이렇게 시장이 작은도서관을 선정한 경우 조례 제14조를 통해
운영 및 자료수집에 필요한 경비를 지원하고 있다.
익산 작은도서관 운영을 대표할 만한 곳을 추천 받아 방문하였다.

꿈꾸는뜰어린이도서관

종교시설의 부설로 운영되는 작은도서관으로 2006년에 개관하였다.
현재 목사님이 관장하고 계시며 별도의 운영자를 익산시로부터
지원 받아 근무하고 있다. 실제적인 도서관 업무는 운영자가 담당하며
관장님은 전북작은도서관협의회장을 맡아 대외사업 등의 활동을
주로 하고 있다. 도서관은 교회 본 건물과는 별도의 공간으로
1층에 있다. 운영 또한 교회로부터 독립적으로 하고 있다.
넓은 공간에 특별한 가구가 놓여 있는 것이 인상적이었는데,
마치 엄마의 탯줄 모양을 닮아 있었다.
어린이도서관의 특성을 살려 아이들이 터널 같은 공간에 들어가
책을 읽기도 하고 장난을 치며 친구들과 놀기도 한다.
터를 잡은 지 오래되어서인지 서가와 책마다 손때가 묻어 있음을 느낀다.

익산시 작은도서관

낭산작은도서관

전형적인 농촌의 읍사무소 인근에 위치한 <낭산작은도서관>에서는
재미난 장면을 만날 수 있었다. 넓은 마당에서 도서관지기는
여름 더위에 지쳐가는 꽃들을 돌보고 있었다.

마을회관 1층에 위치한 도서관에는 놀랍게도 목욕탕이 함께 있었다.
노인이 대부분인 이 마을에서 도서관을 이용하는 사람은 그리 많지 않다.
하지만 어르신들이 문화를 접하는 공간으로써 역할을 다하고 있다.
서가에는 신경 써서 수서한 좋은 책들이 정갈하게 정리되어 있었다.
함께 차를 마시며 책 한 권쯤 읽어드릴 수 있도록 다기세트를 준비해 놓은
도서관지기의 모습에서 정겨움이 묻어났다.

방문한 그 시간, 어르신들은 2층에서 요가 수업을 받고 계셨다.

글마루작은도서관

2009년에 개관한 아파트 작은도서관이다. 이 도서관은 전북지역에서
우수작은도서관운영 표창을 받기도 했다.
글마루작은도서관의 장점은 바로 입구와 공간이다.
다른 아파트 작은도서관과 달리 관리사무동에 위치하지 않고
한 동의 1층에 있다. 동 라인의 중간 지점에 입구를 만들고
아파트 두 채를 틀어 만든 모습으로, 그곳에서 사는 주민들의 집과 같은
구조로 꾸며져 있었다. 마치 집에 서재를 꾸며 놓은 듯한 느낌이니
주민들은 집 같은 도서관을 내 집 드나들 듯 편안하게 이용하고 있다.
입주 초기부터 이런 모습을 갖추었다고 하니 처음부터 주민과의
커뮤니티 공간으로 작은도서관을 설계한 것이다.
이런 발상을 한 설계자를 만나보고 싶다는 생각이 들었다.
아파트 작은도서관이 이런 모습이면 정말 좋겠다는 생각이 들었다.
도시에서는 여러 번 출입 허가를 받아야 들어가야 하고, 주민이 아니면
이용할 수 없는 아파트 작은도서관들이 점점 늘어가고 있는 실정이라
누구나 출입이 가능한 글마루작은도서관에서 정겨움이 느껴진다.

익산시 작은도서관

배산작은도서관

<배산작은도서관>은 노인종합복지관 내에 있다.

어르신들을 위한 모든 복지 서비스가 이루어지고 있는 만큼

이용자도 어르신들이 많아 특히 큰활자본 도서와 빅북들이 눈에 띄었다.

돋보기를 끼고 조용히 책을 읽고 있는 어르신들 그리고 모든 복지사가

도서관의 업무 또한 복지관의 업무의 한 부분임을 느끼도록

관장님부터 모든 직원이 관심을 두고 안내해 주었다.

어르신들에게 어떤 자료들을 어떤 방식으로 전문화하여

제공할 것인가에 대한 경험은 우리에게 많이 축적되어 있지 않다.

큰활자본 도서도 읽기 불편하게 제작된 경우도 많고 종수도 많지 않다.

일반 신간 위주로 도서 확충을 하는 작은도서관들과 차별점이 있어

이곳 운영자의 경험이 더 쌓이고 공유되면 좋겠다는 생각이 들었다.

삼성어린이작은도서관

삼성동주민자치센터 2층에 개관한 도서관이다. 익산시 공립작은도서관으로

일찍부터 작은도서관 운영의 모델이 된 곳이기도 하다.

이름처럼 어린이들과 부모들의 자발적인 운영으로 출발했던 곳이다.

지금은 저출산과 지역의 원도심화 문제가 같이 겹쳐서 어린이도서관의

기능보다는 다른 대상이나 특성을 찾아 나가야 하지 않을까 하는 고민을

몇 해 전부터 해 오고 있다. 이곳도 생활형 SOC 지원을 받게 되어

공간을 새롭게 단장하면서 지역에 맞는 특성화된 작은도서관의

모델이 되기 위한 고민을 하고 있다.

익산시의 11개 공립작은도서관이
생활형 SOC 지원을 받아
새로운 변화를 준비 중이다.
익산시는 2008년에
'익산시 작은도서관 설치 및
운영에 관한 조례'를 만들어
주민들에게 작은도서관을 제공하기 위한
노력을 빠르게 시작한 지역이다.

<꿈꾸는뜰어린이도서관>
A D D 전북 익산시 무왕로21길 8-3
　　　 꿈꾸는 뜰 교육문화센터 1F
HOME www.vision1004.org
T E L 063-838-0510

<낭산작은도서관>
A D D 전북 익산시 낭산면 함낭로 949
T E L 063-861-3389

<글마루작은도서관>
A D D 전북 익산시 무왕로32길 80
　　　 기안파인골드빌2차APT204동105호
HOME cafe.naver.com/jnh35125
T E L 063-834-1115

<배산작은도서관>
A D D 전북 익산시 동서로 103
T E L 063-918-6541

<삼성어린이작은도서관>
A D D 전북 익산시 부송로 125
T E L 063-834-3612

어린이와 어른들의 안전하고 행복한 마실터

책마실도서관

대구 북구에 위치한 책마실은 대구풀뿌리여성연대 부설 어린이도서관이다.

아파트 상가 지하에 있지만 아파트 작은도서관은 아니다.

입지 조건이 나쁘지 않은 덕에 많은 어린이와 부모들의 마실터가 되었다.

책마실의 소개 글에는 '지역의 여성과 아이들이

안전하고 행복한 삶을 살 수 있는 마을을 만들고 있다.'고 쓰여 있다.

<책마실도서관> 사람들은 실천적이다.

인근 학교의 어린이들을 찾아가 책 읽어주기 활동을 꾸준히 하고 있으며,

팔거천을 생태하천으로 살리기 위한 활동에도 앞장서고 있다.

작은도서관을 처음 찾는 엄마들은 대부분 한 아이의 엄마로

책을 잘 읽히고자 하는 목적이 있었을 것이다.

그런데 작은도서관 안에서 함께 책을 읽고 생활하다 보면

우리 아이가 살기 좋은 환경은 바로 더불어 살아가는 이웃들의 삶도

함께 행복해야 함을 알게 된다.

그 생각의 주인이 바로 내가 되어야 한다는 것도 알게 된다.

<책마실>을 이용하다 보면 자연스럽게 대구풀뿌리여성연대의 회원이 된다.
실천을 위한 삶 속에서 함께 알게 되는 나, 그리고 표현하는 나를
발견하게 되는 기쁨을 익혀나갈 수 있기 때문이며
당차게 살아가는 선배 여성을 볼 수 있기 때문이다.
단체에서 운영하는 도서관의 장점은 개인인 나에서
활동하는 시민으로 성장할 수 있다는 점일 것이다.
혼자가 아닌 여럿이 보태는 힘의 위력이라고 볼 수 있다.
어느새 지역의 여성 활동가로 열심히 살아가는 엄마를 보며
아이들은 쑥쑥 커간다.
대구풀뿌리여성연대에서는 대구여성영화제도
운영하고 있다. 좀 더 사회적 시선으로
바라보는 '여성'과 '사회'를 렌즈에 담아
발표하기도 한다.

책마실도서관

2007년부터 한 자리에서 자리 잡고 오랜 활동을 펼쳤는데
지하이다 보니 비가 올 때마다 곤욕을 치러야 하는 것이 문제였다.
하수구가 역류하여 서가가 잠길 정도로 물을 차기도 했다.
그때마다 이용자들과 함께 팔을 걷어붙이고 서가를 정리하고
젖은 도서를 폐기하고 바닥을 말리는 수고로움을 함께 했다.
수리도 여러 차례 했다. 하지만 2019년 6월에 내린 비는
감당하기 힘들 정도의 피해를 입혔다. 마침내 결단이 필요했다.
또 한 번 이웃과 힘을 모았다. 어려운 상황에서 더 큰 힘을 발휘하는 것이
지금까지 활동해 온 <책마실>의 저력이다.
아쉽지만 정든 터를 떠나고 새로운 보금자리를 마련해서 이전하였다.
이제 비가 와도 비 샐 걱정, 책들을 버려야 하는 걱정을 덜게 되었다.
새 터에서 새 희망으로 더욱 멋진 대구 여성의 모습을
지역 안에서 확인 받는 과정이 될 것이라 생각한다.

|
지역 활동에 누구보다 앞장섰던 이들,
함께하고자 하는 마음을 모아
돌멩이국을 끓이듯 조금씩 보태어 새 터를 마련하였다.
더 열심히 살기 좋은, 정이 넘치는 터를 만들 것이다.
더욱 멋진 대구 여성으로서의 삶을 펼칠 것이다.
|

A D D 대구 북구 구리로 25-19 2F
T E L 053-324-0615

그림책으로 소통하는 행복한 도서관
그나라어린이도서관

대구 북구 동천동에 위치한 <그나라어린이도서관>은 그림책도서관이다.

<그나라어린이도서관>의 자랑거리는 매월 한 명의 그림책 작가를 정하여

그 작가의 작품을 함께 읽고 도서관에 책을 큐레이션 하는 일이다.

매월 선정하는 작가는 우리나라 작가이기도 하고 외국 작가이기도 하다.

작가가 정해지면 멋진 포스터와 엽서를 만들어 홍보한다.

2018년에는 그림책 함께 읽기의 일환으로 매월 그림책과 작가를 소개했다.

2019년에는 좀 더 구체적인 그림책 읽기 목표를 세워 활동해 왔다.

2019년 1월 이억배를 시작으로 존 버닝햄, 사노 요코, 베아트리체 알레마냐,

박연철, 토미 웅게러, 모리스 샌닥, 로렌 차일드, 정진호로 이어가고 있다.
때론 작가들이 직접 오기도 하고, 전문가들의 입을 통해
그림책 작가의 깊이 있는 작품 해설을 듣는 시간을 갖기도 한다.
이 모든 과정을 통해 이용자들이 그림책을 더욱 많이 알게 되고
읽고 즐거워할 수 있는 시간을 마련하는 것이
<그나라어린이도서관>의 목표일 것이다.
<그나라어린이도서관>은 마치 그림책 카페처럼 꾸며져 있다.
때론 문만 열려 있는데, 누구나 편안히 들어와 그림책을 읽는다.
열성 이용자들은 가끔 관장님이 없는 시간에 자진하여
<그나라어린이도서관>의 지킴이를 자처한다.
도서관 한편에 참 재미있는 사진기가 있다. 재정에 조금이나마
도움이 될까 싶어 놓았다며 수줍게 웃으시는 관장님,
찍은 사진을 바로 인화하여 볼 수 있는 기계이다.

서가에는 어린아이부터 어른까지 모두를 만족시킬 수 있는
그림책을 중심으로 꾸몄다. 여유 있어 보여서 좋았다.
책장 위에 그림책들이 얼굴을 내밀고 "저를 읽어주세요" 하고 말을 건다.
늦게 시작한 작은도서관은 아예 주제 장서를 정해서 특화시킬 수 있지만
오래된 도서관은 있었던 장서를 가지고 고민해야 한다.
이곳에 와 보니 그림책이라는 주제 장서로 특화하여 기획하면
지금 가진 장서로도 얼마든지 전문화시킬 수 있을 것 같다는 생각이 들었다.
관장님의 바람은 좀 더 많은 사람이 찾아와 주기를 바라는 것이다.

그림책으로 소통할 수 있는 사람들과 함께
사람 사는 이야기를 더욱 깊이 나눠보고자
작은도서관을 열고 있는
<그나라 작은도서관>을 응원한다.

A D D 대구 북구 대천로 85 5F
T E L 053-311-1324

아파트 작은도서관의 새로운 희망

성성푸른도서관

<성성푸른도서관>은 이제 갓 문을 연 신생 아파트 작은도서관이다.

아파트 작은도서관의 모습을 제대로 갖추는 데에는 많은 시간이 걸린다.

다행히 현 운영자가 이미 아파트 작은도서관 운영해 온 경험이 있어

자진하여 아파트 작은도서관 운영을 맡겠다고 했단다.

이 도서관의 운영자는 유급 상근직원으로 다른 도서관과 다르다.

아파트 작은도서관의 정착을 위해 안정적인 운영자를 확보하는 것은

빠른 시기에 주민들이 도서관에 대해 알게 되고 이용하고

함께 만들어 갈 수 있는 가장 중요한 요소이다.

어쩌면 행운과도 같은 만남이었다.

도서관에 사람들을 불러모으는 일, 아파트 공동체를 만드는 일을 시작하여

더불어숲, 생각하는독서, 심야책방, 아름다운독서 등

다양한 계층의 그룹과 함께하는 독서모임이 4개나 운영되고 있다.

또 프랑스자수모임 수노리, 그림을 그리는 푸른스케치북,

손뜨개모임 함께뜨기, 캘리크라피를 하는 멋글모임 등

생활문화활동 동아리도 운영 중이다.

도서관은 복도와 입구부터 사람을 끌어당기는 매력이 있다.

도서관 내부도 역시 눈길을 끄는 곳이 참 많다.

그림책들의 주인공이나 멋진 장면들을 액자에 넣어 전시하고

책과 함께 어울리는 물건들을 아기자기하게 배치하여

도서관의 분위기를 밝고 세련된 공간으로 연출했다.

아파트 작은도서관의 핵심은 안정적 운영이다.

공간 자체는 주택건설기준에 관한 법령에 따라

500세대일 경우 의무 규정화되어 있다.

하지만 어떻게 운영되는지는 명시되어 있지 않다.

아파트 결정기구인 입주자대표회의의 몫인 것이다.

공동시설인 작은도서관을 어떻게 운영할 것인가는 여기서 결정되는데

대부분 상근 인력을 배치하는 것을 꺼리고 있다.

성성푸른도서관

상근하는 자원활동가를 구하는 것도 옛말이 되었다.

2시간 이상 일할 수 있는 자원활동가를 구하는 것이 어려워

문을 닫는 아파트 작은도서관들도 많다.

가장 많이 늘어나면서도 가장 일찍 폐쇄하는 경우가 많은 곳이

바로 아파트 작은도서관인데, 이런 이유 때문이다.

이를 개선하기 위한 방안이 신속하게 마련되어야 한다는 점에서

<성성푸른도서관>의 운영방안과 활성화 방안,

그리고 앞으로 성장해 가는 모습은 좋은 모델이 될 것으로 여겨진다.

<성성푸른도서관> 운영자는 가장 안정적으로 운영할 수 있는 아파트

작은도서관의 정책과 제도 개선에 관심이 많다.

도서관지기는 하나의 도서관을 넘어 정형화될 수 있는 틀을 마련하는 것이

가장 시급한 작은도서관 정책 중 하나라고 생각한다.

아파트 작은도서관의 제대로 된 정착을 위해 대학원을 다니며 연구하고

관련 논문을 작성할 정도로 열의가 높다.

법으로 명시되어 있음에도 왜 정확한 통계조차 없는지,

아파트 작은도서관을 운영하면서 든 첫 번째 의문이었다고 한다.

너무 당연하다고 여겨지거나 관성화되어 있는 부분에 대한

도서관지기의 근본적인 문제 제기는 결국

작은도서관에 대한 애정이다.

또한 조금만 노력하면 살기 좋은 동네,

살고 싶은 공동체를 만들 수 있다는

도서관지기의 희망 때문인지도 모른다.

행운처럼 이렇게 열정적인 운영자를 만나

안정적인 운영을 하고 있는 <성성푸른도서관>이

아파트 작은도서관 운영의 좋은 모델로

전국으로 퍼져 나갔으면 좋겠다.

주민들이 행운을 행운으로

알아볼 수 있으면 좋겠다.

A D D 충남 천안시 서북구 성성6로 111
천안레이크타운푸르지오 UZ센터 1F
T E L 041-568-3457

'꽃들에게 희망을' 주는 나비가 되는 과정이라면
그 나비의 역할과 소명이 다하는 그 날까지
부정의 부정을 멈출 수 없을 것이다.
자기 부정을 부단히 거쳐야 하는 과정에 놓인 것이 바로
작은도서관이라는 것, 그것이 지금 우리가 가야 할 길이다.

2장

작은도서관을 위한 몇 가지 담론

공간이 위태롭다

   '책'과 '물'은 상극이다. 습기가 높은 여름을 지나면 책들은 잔뜩 물기를 머금는다. 조금의 틈만 있어도 그 모양을 변형하고 만다. 장마철을 지나는 동안 어디선가 비가 새지 않는가 주의를 해야 한다. 책이 물에 젖고 나면 어쩔 수 없이 폐기해야만 한다. 들러붙고, 부풀고, 작은 벌레들이 생기고 곰팡이가 생긴다. 특히 지하에 위치하고 있는 도서관이라면 이 장마 기간 동안 긴장의 끈을 놓칠 수가 없다. 2019년 여름에는 비 오는 날이 참 많았다. 엄청난 폭염 또한 동반했다. 덥거나 비가 오는 날이 번갈아 이어졌다.

   엄청난 국지성 폭우는 달라진 환경생태계의 잣대처럼 우리에게 다가오고 있다. 대구 <책마실>은 올해도 장마를 피해 가지 못했다. 몇 차례 비가 올 때마다 역류하여 책들이 있는 서가를 강타했다. 어린 이용자들까지 품을 내어 장판을 다 걷어내고 말리고를 여러 차례 반복한 뒤 젖은 책들과 상태가 양호한 책들을 다시 서가에 꽂는 일을 반복했다. <책마실>은 지하에 있다. 아파트 상가 지하 공간이라 위치는 나쁘지 않고 별도의 입구를 가지고 있고 상가의 폭만큼 넓으나 지하에 위치한다는 점 때문에 다른 곳보다 임대료가 저렴하다는 장점도 있다. 2007년에 개관하였으니 10년을 넘게 이곳에서 이용자를 만나며 지내왔다. 이곳은 다양한 교육, 환경, 여성으로서의 주체 세우기, 영화와 미디어 매체를 통한 활동을 펼치는 여성단체 부설 기관이다.

지역의 여성들, 특히 아이를 키우는 엄마들과 함께 아이들을 위한 좋은 환경을 갖추기 위해 노력하는 시민단체가 운영하고 있다. <책마실>은 이번 장맛비로 간과할 수 없을 정도의 심각한 피해를 보았고, 더 이상 지하에서 도서관을 운영할 수 없겠다는 판단하에 공간 이전을 준비하기 시작했다. 얼마나 많은 시간을 고민했겠는가? 하지만 가장 큰 고민은 역시 재정적 문제였다. 생활형 SOC(social overhead capital ; 사회간접자본) 작은도서관 조성은 이런 활동 경험이 있는 작은도서관에 주어져야 하는 것 아닌가? 이미 공간이 확보된 안정적인 곳에 시설을 갖추어 주기 이전에 늘 활동은 왕성하게 펼치지만 공간이 확보되지 않은 곳을 먼저 돌아보아야 하는 것 아닌가? 작은도서관 지원은 늘었다고 하지만, 이런 현실적인 문제들은 논의 테이블에 올라가지도 못하고 외면당하고 있다. 담당부서의 일방적인 결정으로 작은도서관 지원이 결정될 때마다 겪게 되는 허탈감은 열심히 작은도서관을 운영해 온 도서관지기들과 이용자들에게 무력감으로 귀결된다. 결국 작은도서관 지원 사업은 남의 집 잔치인 경우가 대부분이다.

서울 강동에 위치한 <함께크는우리>도 꽤 오랜 역사를 지닌 작은도서관이다. 이 도서관은 2019년 건물주로부터 나가 달라는 급작스러운 통보를 받았다. 강동의 끝자락에 위치한 원도심이 재건축으로 새로운 아파트 단지를

공간이 위태롭다

조성하고 있다. 그나마 작은 시장을 끼고 있는 몇 개의 상가만 남았었고 그곳에 <함께크는우리>가 자리 잡고 있었다. 옛 동네를 기억하는 공간으로 어린 아이부터 어른들이 서로 가족같이 어울려 노래하고, 책을 읽어 주고, 담소를 나누던 행복한 공간이었다. 그러나 세상에서 가장 무서운 게 건물주라고 했던가? 건물주에게는 이 공간에서 펼쳐왔던 일들이 그리 중요한 문제가 아닌 듯했다. 결국, 현재 이곳을 이용하는 사람들이 마음을 모아 아쉽지만 다른 동네로의 이전을 결정했다. 10월이면 새로운 곳에서 <함께크는우리> 작은도서관이 새로운 시작을 알릴 것이다. 여전히 남의 공간에 월세를 내며 살아가야 하지만 말이다.

인천 서구의 <풀뿌리미디어도서관>도 형편은 다르지 않다. <풀뿌리미디어도서관>은 교회 한쪽을 임대하여 운영하고 있었다. 인천여성회 부설 기관으로 미디어를 특성으로 하며 청소년들과 재미난 영상작업을 하여 그들의 꿈을 키워 주는 공간으로, 자전거를 끌고 책을 담아 동네 상가를 방문하여 책 읽기와 삶 나누기를 이어가는 도서관이다. 교회에 있다 보니 교회 부설 도서관이냐는 오해 아닌 오해도 받곤 했다. 그렇지만 동네 사람들과 만나고, 이야기를 듣고, 서로의 삶의 한 자락을 기대게 할 수 있는 공간을 갖는다는 것에 의미를 두고 운영하고 있었다. 함께하는 여성회 회원들의 재주로 인견타올을 만들고 이를 후원의 한 기반으로 삼으며 어렵지만 행복하게 작은도서관을 운영하고 있었는데, 이곳 역시 임대 기간이 끝나고 이전을 모색해야 했다. 서구의 오래된 동네이기는 하지만 서구청과 세무서 등이 있어 주변 가까운 상가의 임대료는 그리 싸지 않았다. 좀 더 나은 공간을 찾기 위해서는 보증금이 더 필요했고 사람들의 정성 어린 후원금을 더 요청할 수밖에 없는 상황이었다. 도서관 회원들은 여름에 쓰기 좋은 물건이 뭐가 있을까, 어떤 물건이면 유용하면서도 후원하는 데 마음을 보탤 수 있을까 고민하다가 양산을 후원물품으로 결정했다. 그리고 열심히 발품을 팔며 홍보하여 모자란 보증금을 만들어 냈고, 2019년 9월에 새로운 터전으로 이사했다. 화려하게 변신한 건 아니지만 이곳에서 새로운 꿈을 펼쳐가려고 한다. 역시 <풀뿌리>가 잘하는 일은 지역의 풀뿌리 같은 여성들의 삶을 나누는 일이다. 그녀들을 응원하고 힘을 갖게 하는 일이 작은도서관의 역할이라고 생각한다. 마을자치 활동에도 열심히 참여하고 주민자치활동으로 보다 살기 좋은 동네를 만들어나가는 일이 작은도서관이 지역 주민을 만나야 하는 사명의 일환이라는 생각을 놓치지 않고 가고 있다.

서울 구로 <그래그래 작은도서관>을 방문했을 때도 운영자의 첫 마디는 올 12월이면 그곳을 떠나야 한다는 이야기였다. 작은도서관의 터전을 꾸리

공간이 위태롭다

고 첫 번째 맞는 이전 고민이었다. 첫 마음처럼 공간을 꾸리고 그림책을 아이들과 읽으며 행복하게 꾸려가고자 했던 야심 찬 계획이 시련을 맞이하게 된 것이다. 서울이라고 해서 지방보다 사정이 나은 건 아니다. 무료로 사용할 수 있는 공공임대 공간들이 있다고는 하지만 지역을 떠나 할 수 있는 일이 아니기 때문에 딱딱 맞아떨어지는 경우는 많지 않다. 걸어서 오갈 수 있는 공간이었으면 하는 것이 작은도서관의 바람이다. 편안하게 드나들 수 있는 공간이어야 운영자도 이용자도 동네 주민으로 만날 수 있다. 그래야 더욱 신뢰가 쌓일 수 있기 때문이다.

민간 작은도서관은 이렇게 마음을 맞출 수 있는 사람들로부터 시작한다. 돈도 보태고, 맘도 보태고, 시간도 보탠다. 그러나 늘 좋은 형편이 유지되지는 않는다. 이전을 고민해야 하는 시점이 되면 초기에 마음을 보태었던 사람들의 의견도 달라진다. 충분히 예상되는 일이다. 하지만 언제까지 작은도서관을 이렇게 운영할 것인가? 다 똑같은 마음이지만, 누군가 그래도 여전히 이 동네에서 작은도서관을 운영해야 하는 이유를 찾는다면 처음 시점으로 돌아가 고민이 반복된다. 아직도 여전히 외로운 싸움이라는 것을 부인할 수 없다. 버텨내라고 하기에도 현실적인 도움을 줄 수 있는 뚜렷한 방안이 없을 때는 답답함이 쌓여 간다. 작은도서관의 공간 문제를 어떻게 바라봐야 할 것인가.

공동육아나눔터, 온종일 돌봄
그리고 작은도서관

작은도서관진흥법에 따른 작은도서관의 운영 방향은 '주민의 참여와 자치'이다. 긍정적인 말이기도 하고 부정적인 말이기도 하다.

지방자치단체의 역할이 강화되고 있는 시점에서 자치단체마다 지역의 특색을 만들고 갖기 위해 노력한다. 이는 곧 민선 자치단체장의 공약 및 정책 방향과도 일치한다. 크게는 정부 차원의 정책 목표와 기본 기조는 일치할 수 있으나 각 지역의 특색과 예산 구조는 차이를 만들게 마련이다. 일과 가정, 양립의 사회적 조건을 마련하는 것은 정부의 방침이지만 이를 위한 각 자치단체의 방법은 차이를 보인다는 것이다.

살기 좋은 지역이란 어떤 지역을 말하는 걸까? 인구 유입이 그 통계적 바탕이 될 것이다. 어떤 이유로, 어떤 연령대의 인구가 증가했는가는 지방 자치의 근간이 되는 세수입과도 긴밀한 관련이 있기에 주민이 살기 좋은 조건을 만들어 가기 위한 기반 조성은 필수적 조건일 수밖에 없다.

민간에서 운영하는 작은도서관은 현재 경제적 어려움을 많이 이야기한다. 월세나 이자, 각종 세금, 인건비 등 나갈 곳은 많으나 들어오는 수입은 적어 후원자들의 후원금에 의존하는 형편이다 보니 작은도서관의 생활을 유지하는 것은 갈수록 어려워진다.

게다가 작은도서관에서 자원활동을 하며 아이를 키우는 동안 육아를 전담하던 여성들은 아이가 3세 정도가 되면 어린이집에 아이를 맡기고 다시 일

자리를 찾아 나선다. 지역 여성의 자원활동에 의존했던 민간 작은도서관의 위기는 여기에서 나타나기 시작한다. 대부분 일자리를 찾아 나서거나, 작은도서관에서도 재취업을 위한 강좌나 단기 자격증 수업을 요구하기도 한다. 사실 민간 자격증은 대부분 숙련된 노동보다 단기속성으로 취득할 수 있는 경우가 많은데, 특히 독서지도사, 그림책지도사, 미술심리치료사, 논술지도사 등의 자격증은 강의와 과제 제출, 단순한 시험으로 자격증을 딸 수 있다. 결과적으로 현장에서는 저렴하고 전문성이 떨어지는 강사들이 쏟아져 나오고 있어 반가운 일이라고만은 할 수 없는 상황이다.

이런 와중에 작은도서관에 '공동육아나눔터' 운영을 제안하는 일이 늘어나고 있다. 함께 아이를 키우며 북스타트도 하고 공동육아를 해 오던 작은도서관에서는 늘 하던 일이니 공동육아나눔터로 지정되는 것이 이상할 것 없다고 생각할 수 있다. 그러나 정부 시책으로 추진되는 '공동육아나눔터'는 자체적으로 이루어지던 공동육아모임과는 다르다. 시설에 대한 제한도 있고, 별도의 인력도 둔다. 주 1~2회 정도의 프로그램도 의무적으로 진행되어야 하고, 공동육아나눔터에서 진행되는 공동육아동아리가 몇 개인지 보고도 해야 한다. 관리 감독은 건강가족지원센터나 자치단체 담당 부서에서 한다. 그러면 도서관과 공동육아의 기능은 자연히 공동육아 쪽으로 쏠릴 수밖에 없다.

이는 작은도서관 이용자의 대부분이 영유아와 그의 부모들이라는 막연한 발상에서 시작된 것이다. 크지도 않는 공간에 공동육아나눔터라는 이름을 달게 되면 일반 이용자들이나 성인 독서모임을 하는 동아리들은 갈 곳이 없어진다. 도서관이라는 공간이 주민들에게 주는 다양한 역할과 기능은 완전히 무시한 처사이다. 한 번도 작은도서관을 이용해 보지 않은 사람들의 발상이라서 더 화가 난다. 그런데 몇몇 작은도서관에서 이걸 진행하고 있다. 공동육아나눔터의 1인 상근자이자 작은도서관에 상근을 한다는 조건을 덧붙여 인력비 지원과 프로그램 지원비를 받을 수 있기 때문일 것이다. 주객이 전도되었기에 도서관 내에서 문제 제기를 당해도 할 말이 없다.

다시 작은도서관을
시작한다면

《어서오세요 베짱이 도서관입니다》(박소영 저, 그물코출판사)를 읽었다. <베짱이 도서관>은 아직 가 보지 못한 공간이다. 글을 쓴 도서관지기는 아직 어린 두 자녀의 엄마로서 책과 노래를 즐기고 그림도 제법 그린다. 작은도서관을 운영하는 데 많은 것을 가지고 있다는 부러움이 생긴다. 처음 작은도서관을 해 볼까 하는 사람들에게 권하고 싶은 책이다.

서울을 벗어나 경기도 평촌에서 시작한 작은도서관에서의 첫 고민은 무엇이었을까? 아마 찾아오는 이를 기다리는 일이 가장 첫 고민이었을 것 같다. 함께 이 공간을 좋아해 줄 이가 찾아와 주는 기쁨이야말로 힘이 들어도 작은도서관을 꾸려갈 수 있는 힘이니 말이다. 한 권의 책을 읽는 느낌보다는 작은도서관을 운영하는 사람의 다큐멘터리 한 편을 혼자 몰래 본 느낌이었다. 하루하루 작은도서관에서 벌어지는 일들을 일기처럼 기록하고 한 달을 채워 사람들에게 보내는 손편지 같은 소식지를 만드는 일도 새롭게 느껴졌다. 천천히 자기 힘이 닿은 만큼 움직이고 찾아오는 사람들을 환대해 주는 그의 품이 세상 넓어 보였다. 하지만 베짱이 도서관 역시 처음 열었던 장소에서 이전해야 하는 문제에 부딪혔다. 책은 처음 도서관을 열었을 때부터 5년 기록을 모아 놓은 것이었다. 나는 그 이후가 궁금하여 인터넷으로 <베짱이 도서관>을 찾아가 보았다. 다행히 사람들의 축복 속에서 새로운 공간의 시작을 알리고 있는 사진이 보였다.

<베짱이 도서관>은 서재도서관이라는 자기 나름의 또 다른 별칭을 가지고 있다. 개인의 서재로 출발해 마을의 서재로 자리 잡고 싶다는 <베짱이 도서관>의 운영 철학이 덕분이다. 이곳에서는 도서관지기인 베짱이와 이 마음을 나누는 후원회원인 개미가 있다. 이솝의 이야기처럼 베짱이와 개미가 만든 아름다운 동화 같은 곳, 어쩌면 레오 리오니의 프레드릭과 더 닮았다는 느낌이 든다. <베짱이 도서관>은 공모사업이나 지원을 받지 않는다. 더 중요한 것은 자기 속도에 맞게 자기 방식으로 운영을 해 보는 것이라 믿고 있었다. 쉽지 않은 일이지만 응원하고 싶다.

'베짱이 편지 45'에는 이런 이야기가 실려 있었다. '도서관이란 곳이 책을 보고 빌려 가는 곳이기도 하지만 누군가의 꿈을 응원하고, 자기 빛깔을 찾아내어 자신으로 우뚝 서서 살아갈 수 있도록 격려하고 도와주는 공간이란 점도 참 좋다.' 또 이런 문장도 있다. '매일 한 권의 책으로 만나는 작은도서관'.

만나지도 못했고, 경험으로 치자면 나보다 훨씬 어린 후배가 쓴 책인데도 이 책을 읽는 동안 나는 머릿속으로 작은도서관 한 채를 지었다 부수기를 반복했다. 20년의 세월 동안 작은도서관을 운영하며 이제 제법 도서관에 책이 많다. 그렇지만 부끄럽게도 여전히 모르는 책, 몇 년째 서가에서 기다리고 있는 책도 많다. 바쁘다는 핑계로 책을 권하는 일도, 읽는 일도 놓치고 살아가면서도 도서관 일을 한다고 열심히 이래야 한다 저래야 한다고 이야기하면서 돌아다녔다. 멈추어야 한다는 생각이 들었다. 이 책을 함께 읽을 사람들, 그리고 이야기 나눌 사람들을 종일 기다려 보는 경험을 다시 하고 싶다. 그렇게 사람을 만나고 싶어졌다.

가장 작은, 세상에서 가장 작은도서관을 열어보는 것을 꿈꾼다. 1평 공간에 책과 나 그리고 그 책을 만나러 온 사람들을 위한 공간 하나 만들면 참 좋겠다. 하루의 한 권, 그 책을 최선을 다해 알리고 책과의 만남을 기록할 수 있는 공간이면 족한데, 너무 많은 것으로 채우고 살고 있다는 느낌이 든다.

《어서오세요 베짱이 도서관입니다》를 읽고 난 후 새로운 꿈을 꾸며 배시시 웃고 있는 나의 얼굴을 보게 되었다. 그래, 그것으로 충분하다.

부정의 부정을 더하다

2019년 작은도서관은 현재 어떤 모습과 고민을 안고 있을까.

이미 오래전부터 (사)어린이와작은도서관협회는 '정책포럼'이라는 제목을 달고 작은도서관에 대한 문제 제기를 시작하였다. 쉬지 않고 달려왔지만 어떤 길을 가야하는지에 대한 근본적인 물음을 놓치지 않고 있었기에 가능한 일이었던 것 같다.

2015년, 첫 번째 회원들과의 1년에 한 번 하는 워크숍 자리에서 첫 번째 문제 제기가 시작되었다. 향후 작은도서관은 어떤 길로 가야 하는가에 대한 발제였다. 이제 시작한 작은도서관들은 어떻게 잘 운영해 볼까 고민하는 시점에 작은도서관의 미래에 대한 고민을 담은 발제를 듣고 충격을 받았다는 이야기가 터져 나왔다. 당연한 반응이었다. 대부분의 회원이 다른 작은도서관의 운영 사례를 공유하길 바라는 마음이었을 터인데, 아직은 멀게 느껴지는 작은도서관의 미래에 대한 이야기를, 그것도 존폐에 대한 이야기를 들었으니 어찌 당황하지 않았겠는가.

각각의 발제의 내용을 구분해 보면 다음과 같다. 1안, 작은도서관 운영은 민간에서 할 영역이 아니다. 도서관은 애초 공공의 영역에서 공공의 재원으로 시민들에게 서비스되어야 할 영역이다. 이제 작은도서관들은 공립으로 추진되어야 하며, 도서관의 분관적 지위를 갖추고 운영되어야 할 것이다. 잘 운영되는 작은도서관은 공립작은도서관 형태로 운영될 수 있는 방안을 모색해야 한다. 2안, 작은도서관 운영은 민간의 영역에서 더 많이 추진되었으며 여전히 민간의 자발적 운영에서 보여지는 시민적 참여와 도서관 서비스의 질적 발전을 위한 실험 무대가 되어야 한다. 민간은 민간에서의 실천 동력이 있으며 이를 근간으로 해야 한다. 어려운 재정적 여건이긴 하나 여전히 민간 차원에서 문제를 제기하는 집단의 필요성이 있다. 민간 작은도서관 운영의 장점은 주체적 판단을 근거로 하여 경쟁적 구도에서 벗어나 '책'과 '사람'을 위주로 하는 운영의 경험을 축적하며, 과도하지 않게 자신의 수준을 결정하고 움직여 나가는 것이다. 3안, 작은도서관 운영에 있어 하나의 방향을 정하는 것은 어렵다. 각 지역마다 특성이 다르며 운영 주체별로도 현재 진행되는 정도의 차이가 있기 때문에 현재는 질적인 개선의 방향을 모색하며 작은도서관 운영 방향을 제시해야 할 시점이다.

그날 워크숍을 통해 협회는 하나의 방향을 결정하지 않았다. 어쩌면 결정하기 어려운 문제였는지 모른다. 현재의 시점에서도 마찬가지다. 위의 제시되었던 세 가지 방향 말고도 다양한 경험 속에 너무나 많은 갈림길이 펼쳐져 있다. 시간이 지나고 나면 그때 했던 논의가 각자의 행동을 결정하는 데 조금이나마 도움이 될 거라는 생각이 든다. 이 고민들은 언젠가 구체화되어 자신 앞에 다가올 수밖에 없기 때문이다.

그로부터 4년의 세월이 흐른 지금, 이 문제가 점점 수면 위로 떠 오르고 있다는 느낌을 지울 수 없다. 벌써 30년을 향해 가고 있는 작은도서관들도 있고, 이제 문을 연 작은도서관들도 있다. 여전히 살아 있는 생명처럼 생성되고 소멸하고 있는 작은도서관의 방향 찾기는 살아 있는 동안 여러 방식으로 계속될 것이다.

6천여 개의 작은도서관이 어떤 모습을 하고 있는지, 어떤 고민을 하면서 지내고 있는지 궁금했다. 생겨난 시기별로, 때론 운영 주체별로 운영 방식과 고민 내용이 다를 수 있다는 생각을 머금고 현재의 모습을 바로 알고자 과감하게 길을 나섰다. 전국을 대상으로 했지만 시간과의 싸움이었다. 턱없이 부족하게 살피고 왔다. 여전히 '이렇다'고 할 만한 이야기를 담론화하기에도 어려움이 많다. 다만 함께 만나고, 이야기를 듣고, 사진으로 담은 현장의 기록들을 많은 사람과 공유하기 위해 책을 엮었다. 이 책을 기반으로 함께 고민하고 논의의 장을 만들자고 제안하고 싶다.

발전이란 기존의 질을 연속적으로 부정하는 것이다. 모든 발전은 기존의 질에 대한 부정의 부정으로 수행된다. 알의 부정이 애벌레이고 애벌레의 부정이 나비가 되듯 부정의 부정을 통해 '작은도서관'이 이루고자 하는 마지막 꿈이 무엇이었는지 스스로 묻는다. '꽃들에게 희망을' 주는 나비가 되는 과정

부정의 부정을 더하다

이라면 그 나비의 역할과 소명이 다하는 그 날까지 부정의 부정을 멈출 수 없을 것이다. 자기 부정을 부단히 거쳐야 하는 과정에 놓인 것이 바로 작은도서관이라는 것, 그것이 지금 우리가 가야 할 길이 아닐까 싶다.

수도권과 지방의 격차

1995년 지방자치가 실현된 이후 몇 번의 선거를 거치는 동안 작은도서관 조성에 관한 자치단체장과 의원들의 공약은 빈번하게 거론되었다. 도서관에 대한 주민들의 요구를 반영한 것이기도 하지만 대부분의 경우 공간 조성에 대한 효과가 가장 두드러지는 성과로 가시화되기도 하는 점을 노렸을 수도 있다는 생각이 들었다.

'한 동 한 도서관'을 외치는 자치단체장의 공약을 볼 때나 '불 꺼지지 않는 도서관'이라는 공약을 볼 때마다 '어떻게?'라는 의문을 달곤 했다. 작은도서관을 운영하면서 한 개의 기관을, 아니 공간을 운영한다는 것이 얼마나 큰 품이 필요로 하는지 아는 실무자의 입장에서는 함부로 내놓을 수 없는 공약이다. 모두 그저 텅 빈 공약들에 불과하다.

작은도서관 조성이 공공도서관의 건립에 악영향을 미쳤다는 뒷소리도 들었고, 작은도서관을 공공도서관과 구별하지 못하는 상황은 빈번하게 겪는다. 운영 예산 반영에 있어 다른 소리를 하는 의원들의 지청구를 듣는 담당자의 하소연을 들을 때마다 어이가 없고 허탈하다. 작은도서관 개관식을 하면 테이프를 자르기 위해 맨 앞줄에 서는 것이 의원들이지 않은가? 이번에는 몇 개의 도서관을 개관했다는 수적 성과주의는 여전하고, 개관 이후 운영을 돌아보는 의원들은 참으로 적다. 게다가 점점 더 도서관을 지을 공간도 부족해지고 있으니 앞으로 작은도서관 공약은 뒤로 물러나 버릴 것인가?

17개 시, 도에 위치한 행정동의 개소 수를 알아보니 2,090개였다. 작은도서관의 수는 2018년 통계 결과 6,330개이다. 이미 동의 3배가 되는 수이다. 공립도서관만 따져 보면 1,433개관이니 아직 한 동 한 도서관에 못 미치는 결과라고 보아야 할까?

수적인 문제로만 보면 이미 작은도서관은 차고 넘친다고 볼 수 있다. 그러나 더 촘촘하게 지역과 작은도서관의 설치 및 운영 여부를 분석한 자료는 그 어디에서도 찾아볼 수가 없다. 작은도서관 또한 다른 문화기반시설 등과 더불어 지역 편중 현상이 두드러지고 있다. 무려 수도권(서울, 경기, 인천)에 약 50%가 집중되어 있다.

수도권의 인구와 제반 시설의 집중 현상을 막기 위해 현 정부는 지방 분권을 더욱 강화하기 위한 정책을 펼치고 있다. 특히 자치분권 강화를 위한 추진 과제로 내세운 풀뿌리 주민 자치 강화는 주민의 자치 역량을 키우고 읍면동을 주민 참여와 소통 공간으로 혁신하여 지역 정책 결정 과정에 주민이 실질적으로 참여하고 단체장과 지방의원을 견제할 수 있는 방안이다.

어쩌면 동마다 설치 운영되고 있는 작은도서관이 본격적인 활동을 시작해야 하는 때인지도 모르겠다. 마을의 사랑방으로 주민들이 편안하게 드나들고, 서로의 소식을 공유하고, 배우고, 세상과 소통할 수 있는 책을 만나는 공간에서 성장한 주민들이 자기 동네의 주인으로 나서게 할 수 있는, 정부 차원의 제반 여건이 마련되는 시점이기 때문이다. 하지만 작은도서관이 과연 그 일들을 수행할 능력과 여건을 갖추고 있는가에 대해서는 편차가 매우 크다. 인구 감소는 지역에서 더욱 심각하게 나타난다. 보이는 일들은 많으나 할 사람이 없다. 공간은 있으나 비어 있다는 말이다. 이미 때를 놓친 것은 아닌가 하는 생각이 들 정도로 이제 농촌엔 어린아이들의 소리가 들리지 않는다. 노인들만 동네를 지키고 있는 곳이 많다. 마을의 지속가능한 발전을 위해서라도 지방으로 인구 유입이 될 수 있는 주거, 복지, 건강, 교육 환경은 마련되어야 한다.

옥천 안남 <배바우작은도서관>은 이제 십 년을 맞이한다. 여전히 처음 지었을 때의 모습 그대로 그 위치에 있지만, 십 년 전 처음 방문했을 때와는 다르게 커다란 호수 같은 댐이 마을 입구에 생겼다. 산을 타고 구불구불 찾아가는 길을 예상했는데 그 위로 고속도로가 뚫렸다. 가는 길이 편해지기는 했으니 마을의 모습도 달라졌을까 궁금했다. IC를 빠져나오자마자 얼마 가지 않아 도서관에 도착했다. 여름 끝자락이라 여전히 더웠지만 맑은 하늘에 구름이 참 멋진 풍광을 만들어 주었다.

조용한 마을 속 작은도서관은 다행히 건재했다. 두런두런 아이들의 소리가 들려 들어가 본 부엌에서 아이들은 직접 딴 앵두와 구운 떡을 손에 쥐고

수도권과 지방의 격차

먹고 있었다. 방과 후에 들러 간식을 먹으며 친구들과 놀 수 있는 곳이 바로 도서관인 것이다. 처음 본 낯선 사람에게도 흔쾌히 먹을 것을 건네며 인사를 한다. 한 무리의 아이들이 다시 들어오고, 사서 선생님에게 인사를 하며 각자 의 방으로 들어간다. 청소년으로 보이는 한 아이는 사서에게 다가가 슬그머 니 말을 건넨다. 수줍지만 친근한 모습이다.

오후가 되자 도서관 앞에는 도서관 이름이 새겨진 마을버스가 기다리고 있었다. 정말 신기하고 대단해 보였다. 아이들을 학교와 도서관 그리고 다시 집으로 데려다주며 안전 귀가를 도맡고 있던 운전기사님의 모습이, 도서관 소파에서 소설을 읽던 기사님의 모습이 계속 기억에 남는다.

만일 이런 공간이 이 마을에 없었다면 어땠을까. 십 년 전, 이곳에서 자라 는 아이들에게 책 읽는 공간을 만들어 주기 위해 애쓰셨던 관장님과 마을 분 들은 바로 지금의 미래를 만드신 분들이다. 이곳에서 자라고 함께한 아이들 이 바로 옥천의 미래를 만들고 있는 것이다. 여전히 미래를 위해 몸 아끼지 않고 지켜 주는 사람이 있는 곳, 이런 사람이 있고 없고의 차이가 얼마나 클 것인가? 마음을 담아 작은도서관을 지키는 많은 선생님의 건강을 기원해 본 다. 그들이 지치지 않기를, 그리고 행복하기를……

도서관 여행이 가능해지려면

《도서관을 여행하는 법》(임윤희 지음, 유유출판)을 읽다가 외국 도시의 여행 중에 작가가 도서관을 방문하게 된 계기를, 특별히 도서관을 둘러볼 생각은 없었으나 도서관이 방문했던 도시의 한가운데에 멋진 건물로 당당히 서 있었기 때문이라고 이야기하는 대목을 발견했다.

전국적으로 작은 책방들이 많아지면서 지역의 책방 투어를 목적으로 여행을 하는 사람이 늘어나고 있다. 그렇다면 책을 좋아하는 사람들이 지역의 작은도서관을 방문한다면 어떨까? 사람들은 책방을 가듯 지역에 있는 도서관에 가 보고 싶을까?

나야 도서관을 운영하는 사람이기에 출장이나 여행을 갔을 때 그 지역의 도서관을 거의 들르는 편이다. 하지만 솔직히 우리나라 도서관, 특히 공공도서관은 거의 비슷한 모양새를 갖고 있어서 그 지역만의 특색을 찾아보긴 힘들다. 간혹 바다가 한눈에 보이는 부산과 여수, 강원도 동해의 몇몇 도서관들에 들러 감탄을 한 적은 있다. 하지만 주변 풍광 때문이 아니라 도서관 그 자체의 특별한 매력에 빠져 본 경험은 적다.

그래도 요즘 생기는 공공도서관들은 지자체마다 특색을 가지고 건립되는 경우가 많다. 건축이나 공간 구성 등을 보면서 이제 우리나라 도서관도 외국 도서관의 수준을 갖추어가고 있다는 생각도 한다. 그런데 한편으로는 뭔지 모를 씁쓸함에 휩싸일 때도 있다. 아마 외국 도서관의 모델을 그대로 도용한

것 같은 느낌을 받거나, 트렌드나 유행을 좇아가는 공간을 만들려는 의도가
보일 때 드는 느낌일 것이다.

천장까지 꽉 찬, 높은 서가가 유행일 때에는 새로 개관한 모든 도서관의
모습이 그러했다. 파주의 지혜의 숲이나 코엑스의 별마당 도서관식의 서가
모양을 갖추는 것이다. 온통 북유럽 스타일로 꾸민 곳이나 스웨덴의 도서관
을 그대로 따라 지은 것 같은 느낌을 주는 곳도 있다. 물론 좋은 것은 얼마든
지 따라 할 수 있지만, 한 걸음 더 나아가 지역의 특성을 살려 나름의 개성을
갖추면 얼마나 좋을까 하는 바람을 지울 수가 없다. 오히려 외국 도서관을 닮
았으면 싶은 점은 형식적인 모습보다 도서관의 철학이나 서비스이다.

《도서관을 여행하는 법》에서 작가가 해외 도서관에서 보았던 첫 장면은
도서관 안에서 시민단체 활동가들이 서명을 받는 모습이었다. 한 도시 안에
서 벌어진 문제에 대해 활동가들이 시민들과 이야기 나누는 자리였다.

얼마 전 영화관에서 상영되었던 <뉴욕라이브러리>라는 영화를 통해서도
미국도서관들의 각 분관이 시민들과 어떻게 만나고 있는지를 간접적으로 경
험해 볼 수 있었다. 사람들은 도서관을 통해 직업 관련된 정보를 얻기도 하
고, 최신 유행하는 3D프린터기의 조작법을 배우기도 하며, 학교 과제를 해결
하기 위해 각종 자료를 찾는 일을 사서의 도움을 받아 수행하기도 했다. 점심

시간을 이용하여 한 손에는 샌드위치를 또 다른 손에는 커피를 들고 먹고 마시며 명사의 강의를 듣는 모습도 있었다.

숨도 제대로 쉴 수 없이 조용하기만 한 분위기의 우리 도서관들과는 사뭇 다른 느낌이다. 노트북 소리나 슬리퍼 끄는 소리로 민원이 제기되고 조그마한 소음에도 짜증 섞인 목소리로 "여기는 도서관이에요!"를 외쳐대는 수험생을 만나는 도서관. 우리의 도서관은 과연 어떤 곳인가? 도서관을 찾는 목적이 책 읽기나 지역의 문화를 만나기 위한 것보다 조용한 학습 공간을 원하는 쪽에 머물러 있다 보니 여전히 그 모습 그대로인 것이다.

관성화된 도서관 서비스에 이미 고정화된 이용자들이 도서관을 채우고 있는 우리의 현실. 많은 공간을 열람실로 제공하여 칸막이 속에서 문제를 풀고 있는 사람들에게는 도서관이 공부하는 공간일 뿐이다. 개인 학습실을 폐쇄한다는 조치에 항의하고 나서는 사람들을 보면서 또 한 번 가슴 속에 찬 바람이 인다.

이제 도서관 문화를 만들어가야 할 시점이 되었다. 문화란 한 지역에서 한 시대를 담아내며 표현되는 것이다. 그냥 스쳐 지나는 유행의 시기를 거쳐 지역 문화로 정착되기까지는 수많은 시간과 실험과 경험들이 축적되어야 한다. 그래야 진정한 지역의 문화라고 할 수 있을 것이다.

도서관 여행이 가능해지려면

　　도서관이 가진 문화를 변화시키자는 목소리가 나오는 것을 보면 확실히 시대도, 사람도 많이 변한 것 같다. 이에 발맞추어 공간이 변해야 하는 건 당연한 일이다. 지금까지 작은도서관도 나름 도서관 문화를 만드는 데 일조해왔다고 생각한다. 동네의 가장 가까운 곳에서 편안하고 쉽게 마을의 문화를 공유하고 만들어나가는 작은 씨앗들이었다. 도서관이 나에게서 멀지 않은 공간으로 느껴지는 것, 도서관 이용객이 늘어나고 있다는 것만으로도 커다란 변화의 한 부분이라고 생각한다. 이런 흐름대로 나아가 앞으로는 지역마다 자신만의 문화를 담아내는 개성 있는 도서관들이 생겨나길 간절히 바란다.

작은도서관답다는 것

인천 부평1동 주민자치센터 3층에 위치한 <글마루도서관>을 한여름 오후에 방문한 적이 있었다. 작은 강의 공간과 사무실을 제외하고 서가로 둘러진 작은 공간이었는데, 이곳에서 책을 읽는 사람들의 모습이 그렇게 편안해 보일 수가 없었다. 서로 마주 보거나 서가에 기대앉아서, 때론 창가 테이블에 책을 펴놓고 읽는 이용자들은 자유로워 보였다. 그때 난 '작은도서관답다'는 것의 첫 번째 조건이 편리성과 편안함이라는 것을 느꼈다. 작은도서관의 접근성 문제가 가장 기본적인 조건이 된다는 이야기다.

공립작은도서관들이나 아파트의 작은도서관들은 입지 조건이 좋은 편이라 이 문제에서 벗어나 있을 수 있다. 운영을 잘하고 오래된 사립작은도서관들이 공적 장소를 무상으로 제공 받을 수 있으면 좋겠다. 서울 성북구의 <책읽는엄마책읽는아이들>이 사립작은도서관으로 운영을 유지하면서도 공적 장소를 제공 받은 사례는 참 좋은 사례로 보인다. 대전의 <모퉁이도서관>도 평생학습센터 1층을 오래전에 제공 받아 지금까지 운영하고 있다.

'작은도서관답다'는 것의 두 번째 조건은 이용자들과의 대면이 활발해야 한다는 것이다. 작은도서관은 찾아오는 이용자들은 역할에 상관없이 마주 보고 이야기 나눌 수 있다. 마음이 맞으면 동아리를 꾸릴 수도 있고, 원하는 강좌를 열 수도 있다. 공동 육아를 하거나 각자가 가진 고민을 나눌 수 있는 장이 되기도 한다. 작은도서관에 처음 방문한 이용자가 또 방문했을 때, 그들을 기억하며 그들에게 맞는 책을 권해줄 수 있는 곳, 맞는 활동이나 강좌를 소개해 줄 수 있는 곳이라면 누구나 작은도서관을 다시 방문하게 되지 않을까.

물론 이것은 작은도서관만의 특징이라고 말할 수는 없을 것이다. 모든 도서관이 일반적으로 해야 하는 일이다. 질문하는 이용자에게 그 답을 찾아주기 위해 서로 머리를 맞대고 의논하는 사서의 모습은 사서가 존재해야 하는 이유이기도 하다. 그러나 우리나라 도서관에서 그런 경험을 해 본 사람이 몇이나 될까. 나 역시 대학도서관에서조차 연구를 위한 질문에 단 한 번의 명쾌한 답을 찾지 못했고, 공공도서관에서 역시 이런 질문을 던지는 사람이나 답을 구하려 애쓰는 사서를 본 경험이 거의 드물다.

도서관에 전문 사서가 필요하다고 목소리를 높일 때 사람들은 이유를 물을 것이다. 도서관의 일들은 누구나 조금만 배우면 할 수 있는 일이라 생각하기 때문에 자원활동으로 충분하다고 생각하기 때문이다. 그러니 사서의 필요성에 대해서도 무지할 수밖에 없다.

도서관 분야에서만 사서의 역할이 중요하다고 외친다면 어떤 누구도 사서의 손을 들어주지 않을 것이다. 사서가 어떤 일을 하는지 진정 경험하게 해야 하는 이유이다.

질문하는 시민,
답하는 도서관

사람과 마주하면서

눈을 맞추고 말을 주고받으며 얻게 되는 배움의 기쁨,

어쩌면 도서관은 이 가느다란 가능성을

일상에서 품을 수 있게 해 주는 보루일지 모른다.

- 《도서관 여행하는 법》 중에서 -

Reference Desk

도서관을 찾는 사람들의 이유는 다양하다.

왜 시민사회는 도서관을 만들고 이용하는가?

도서관을 이용하는 사람은 과연 얼마나 되는가?

당신은 이번 주에 도서관을 간 적이 있는가? 어떤 도서관을 갔는가?

그곳에서 무엇을 했는가? 어느 시간에 갔는가?

도서관을 운영하는 사람과 도서관을 이용하는 사람과의 간극은

얼마나 되는 것일까?

도서관을 운영한 것인가?

많은 사람은 여전히 책이 있는 곳, 무료로 책을 대출할 수 있는 곳을 도서
관이라 생각한다. 어쩌면 강좌를 듣기 위해 도서관을 찾을 수도 있다. 보고

싶은 책을 찾아서 도서관을 이용할 수도 있다. 혼자 공부를 위해서도 도서관을 갈 수 있다. 아이에게 책을 보여 주려고 이용할 수도 있다. 영화를 보기 위해 찾아갈 수도 있다. 독서 관련 행사가 있다고 해서 찾기도 한다. 무심코 지나던 길에 도서관이 눈에 띄어 찾아가 본 경험도 있다. 익명성이 보장되는 공공도서관에서는 혼자 책을 읽다가 공부를 하다가 사색을 하다가 시간을 보내고 나오는 것이 상대적으로 덜 부담스럽다.

작은도서관을 찾아가 본 경험은 무엇 때문이었을까? 동네에 가깝게 있으니 오다가다 본 곳을 오늘은 마음을 먹고 한 번 들어가 보자 했을까? 너무 규모가 작아서, 책도 많지 않아서, 주목받는 것 같아서 오래 머물기에는 눈치가 보였을까?

도서관을 알고 있고, 도서관을 갈 시간이 있다는 것은 어쩌면 그의 삶의 수준과 연관되어 있을지도 모른다. 누가 도서관을 알게 해 주었는가? 학교 교육? 지인이? 여전히 평생 도서관을 한 번도 가보지 않은 사람도 있을 것이다. 도서관에서 무엇을 해야 할지 모르는 사람 역시 많을 것이다. 도서관 대출증을 만들어 꾸준히 이용해야지 마음먹는 데까지 사람들은 어떤 마음의 파고를 겪을까?

작은도서관을 운영하면서 시간이 많이 흘렀음에도 여전히 작은도서관의 운영자 기준으로만 교육하고 경험을 공유해왔을지도 모른다. 내 자신이 그 비판에서 자유로울 수 없다.

이용자를 생각하며 작은도서관을 운영하기 위한 시선을 다시 생각해 보기로 한다. 이용자의 관점에서 작은도서관의 공간, 장서, 프로그램을. 작은도서관 운영의 필수 요건은 운영자, 바로 사람이다. 그러나 이젠 작은도서관다운 작은도서관을 운영하기 위해 필요한 것이 사람 중심의 사고 체계보다 공간이라고 생각하는 작은도서관이 대세를 이루고 있다.

그렇다면 지금 시점이 바로 이용자를 더 중심에 놓고 어떻게 운영해야 하는지에 대한 생각을 모은 운영가이드가 필요한 시점이지 않을까?

무수히 질문을 던지면서도 미궁 속을 헤매는 기분이 든다. 사람을 중심에 놓고 그 사람들을 만들 길이 현실적으로 점점 더 어려워지기 때문이다. 구조의 변화와 정책의 변화를 수없이 떠들었지만 변하는 것은 별로 없다.

꿈쩍도 하지 않고 부동의 자세를 취하고 있는 작은도서관 분야에서 변화의 동력을 찾으려면 이용자 중심의 사고를 해야 한다고 생각한다. 좀 더 다른 시선으로 바라보면 답을 찾기가 조금은 쉬워지지 않을까. 여전히 다듬어지지 않은 생각의 실마리를 찾아 나서 보려고 한다.

질문하는 시민, 답하는 도서관

A Library is
a Growing Organism

    요즘같이 변화가 빠른 시대를 살아가다 보니 도서관이 어떻게 달라져야 하는지, 변화를 막는 것은 무엇인지를 탐구해야 하는 시점이 왔음을 느낀다. 도서관은 끊임없이 변화해 왔는가?

    도서관 문화에 대해서 생각해 본다. '책'이라는 매체 자체도 달라지고 있으니 도서관에서 가장 큰 비중을 가지고 있는 '책'의 변화를 공간이 어떻게 수용해 가야 하는지를 살펴보는 것이 필요하다고 본다. 더불어 이용자의 형태 변화에 대해서도 정확한 분석을 하고 있는가 되물어볼 수밖에 없다. 가장 중요한 것은 그 변화를 만들고 있는 주체가 과연 누구이고, 누구여야 하는지에 대한 것이다.

    랑가나단은 '성장'의 의미를 말하면서 "새로운 물질은 취하고 헌 물질은 버리며 크기를 바꾸고 새로운 모양과 형이 된다."(도서관학5법칙 중에서)고 하였으며 성장하는 주요 부분을 장서, 이용자, 직원이라고 하였다.

    "적절한 책을 적당한 때에 적당한 방법으로 적절한 이용자와 효과적으로 연결하는 것을 알고 있는 직원의 봉사가 없다면 단순히 책과 이용자가 나란히 있어도 도서관이 되지 않는다는 것을 분명히 인식해야 한다."고 덧붙여 이야기를 전하고 있다.

우리나라 공공도서관의 비약적 발전기는 2000년대라고 생각한다. 수적으로 확대된 것은 물론 17개 시, 도에서 지금도 끊임없이 공공도서관을 조성하기 위한 계획들이 발표되고 있다. 생활형 SOC 사업에서도 도서관은 그 가치와 역할에 주목받으며 큰 예산이 주어졌다. 그러나 무엇보다 내적인 합의가 선행되었는가에 대한 의문은 여전히 남는다. 선행되어야 할 것은 현재 우리나라 공공도서관이 어떤 수준이고 현실적인 위치가 어디인가를 분석하는 일이다. 하지만 이번 사업을 통해 어떤 지향점, 즉 도서관의 역할을 무엇으로 할 것인가에 대한 논의를 내적인 구조 변화에서 찾기보다는 여전히 건물 중심, 공간 중심으로만 보고 있다는 데에 안타까움을 이야기 할 수밖에 없다.

공공도서관에 전문적 영역인 '사서'의 존재, 이들을 통해 경험하게 되는 도서관 이용자들의 서비스가 질적으로 개선될 여지가 있는가?

'사서 고생하는 사서'처럼 '사서'의 전문적인 역할에 대해 기대치는 높아지고 있지만, 현실적으로 이용자가 '사서'의 전문성을 경험했는가와 사서가 사서로서 제대로 대우를 받아본 적이 있는가 하는 부분에서는 고개를 갸우뚱할 수밖에 없는 실정이다.

자치단체에서 도서관 정책과 계획 수립을 위해 종사하는 '사서직 공무원'의 수는 얼마나 되는가? 그 수는 적당한가? 그들의 역할은 무엇인가?

공공도서관에 종사하는 사서들은 이용자와 어떻게 만나고 있는가? 자료실이나 열람실이라 표현되는 곳에서 이용자와 직접 대면하는 서비스를 하고, 그들의 요구에 맞는 프로그램을 개발하고, 장서를 확충하고, 지역 사회에 문제에도 적극적으로 개입하여 그들에서 현안을 위한 대안 자료 등을 적절하게 제공하며, 도서관의 기능을 이용자 스스로 경험할 수 있도록 역할을 하고 있는가?

계속 들려오는 이야기는 사서 인원과 사서로서의 신분적 불안정성, 그리고 도서관에 대한 전반적인 인식이 낮음으로 인해 가장 기피부서이거나 자치단체 예산 중 가장 비중 없게 다뤄지고 있는 영역이라는 것이다.

요즘 사회적 대세가 브랜딩(Branding) 이다. 브랜딩의 가장 핵심은 'WHAT'이 아니고 'HOW'라고 한다. 이미 있는 것이더라도 어떻게 자기 것으로 만들어서 보여 주는가가 중요하다. 무엇이 다른가보다는 어떻게 다른가가 핵심이라는 이야기다.

도서관 또한 새로운 브랜딩이 필요한 시점이다. 도서관은 많은 공공시설과 어떻게 다른가? 이용자들은 도서관에 대해 감정적으로 무엇을 느끼는가? 이것이 도서관 브랜딩의 핵심일 수 있다. 도서관에 대한 신뢰감, 충성도, 편안함 등의 감정을 느끼며 긍정적인 경험을 통해 도서관에 대한 가치와 이미지를 부여해야 한다.

많은 도서관이 개인 학습의 공간에서 지역 커뮤니티의 공간으로 변화를 시도하고 있다. 개인 학습의 공간은 정숙의 이미지가 강하다. 개인 학습할 필요가 없으면 굳이 도서관을 찾을 이유가 없다. 도서관은 또한 책 무료 대여소 같은 이미지가 있다. 무료로 읽고 싶은 책을 찾아 도서관에 온다. 많은 장서가 보유되고 장서의 양은 바로 도서관의 이미지를 만들던 때도 있었고, 지금도 여전히 유효하다. 그럼 도서관이 지역 커뮤니티의 중심 기관으로 변화해야 한다는 것은 무엇일까?

《슈퍼라이브러리》(신승수 저, 사람의 무늬)에서는 영국을 예로 들어 1960년대에는 전후 복구 사업의 일환인 재건, 70년대와 80년대는 재생, 90년대 이후는 건축 · 도시 공간과 삶의 질을 동시에 추구하는 도시 아젠다의 패러다임이 변화되어 왔다고 설명하고 있다. 즉 최근에는 일상적 삶의 질적 향상과 관계된 생활공간으로서의 공공 공간, 지역사회의 시간 - 공간적 정체성과 연속성에 관계된 문화적 유산으로서의 공공 공간을 지향하고 있다는 것이다. 공공도서관 건축은 이런 시설 중 가장 사회문화적 파급효과가 크고 여타의 시설과 기능적으로 밀접하게 연계되어 있음이 부각되고 있다고 하는 말에 상당히 공감한다.

저자는 공공도서관이라는 공간을 여러 측면에서 규정하고 있는데, 그중 '중층적 사용의 공간'에 대한 이야기를 여기 옮겨볼까 한다. 지금 공공도서관에서 가장 핵심적으로 이야기되는 부분이라고 생각하며, 많은 부분에 공감한다.

다양한 연령대, 계층을 포괄하는 사회구성원들의
문화, 예술, 경제, 정치적 행위와 관련된 다양한 사용요구를 충족시키는
복합문화공간(Culture House)으로서,
사회센터, 놀이공간, 학습공간, 교육센터,
박물관/미술관, 문화센터, 시장조사센터 등으로 기능하는
다양한 공간들의 네트워크로서의 공간이다.
이러한 중층적인 사용을 토대로 광장, 거리, 기타 문화시설 등과의 관계에서
중심적 역할을 기능하는 도시 공공 공간 네트워크의 노드(node)이다.
- 슈퍼라이브러리 중에서 p25 -

어쩌면 '중층적'이라는 말이 표현하는 다양성과 복합성에 대한 일대 혼란이 빚어지고 있는 것이 지금이지 않을까? 단 하나의 기능을 중심에 두던 때와

달리 여러 지역 사회가 요구하는 역할 속에서 선택을 해야 한다는 강박감이 오히려 결정장애를 만들고, 급기야 결정조차 할 수 없게 되어버린 건 아닌가 하는 생각이 든다. 작은도서관은 공공도서관의 이러한 변화된 시대의 선 실험장이지 않았을까?

나는 지금의 변화를 감히 90년대 작은도서관의 새로운 출발, 과거 문고의 정체성을 뛰어넘어 우리가 가지고 싶은 공공도서관의 제대로 된 서비스를 누리게 하기 위한 도서관에 대한 선 경험을 시도하려는 민간 노력의 결과라고 생각한다. 지금도 여전히 공공도서관이 가진 행정적이고 규격화된 모습에서 시민으로서 요구되는 역할들을 먼저 실험하고 있는 것일지도 모른다. 그것이 작은도서관을 '운동'이라는 개념과 함께 사용하는 진짜 이유가 아닐까.

지금까지 만들어 온 공공도서관의 선 실험장이 작은도서관의 수많은 피와 땀이었다는 사실을 거부하긴 힘들 것이다. 이제 그것들을 바탕으로 시민과 함께 만들어가는 커뮤니티 공간이 공공의 영역에서 더욱 안정적으로 자리 잡기를 간절히 희망한다. 더불어 지역 사회에서 힘들지만, 뚜벅뚜벅 제 역할을 훌륭하게 해내며 앞으로 나아가고 있는 모든 작은도서관에게 감사와 존경의 마음을 보낸다.

2019 어린이와작은도서관협회 주소록

* 2019.9. 기준
* 도서관명, 전화번호, 운영자 및 실무자명, 주소 순

서울지부

곰세마리어린이도서관
02-742-3385, 이영욱, 김은경, 서울시
성북구 삼선교로 54 (303호)

어린이도서관꿈틀
02-2243-2315, 정윤영, 서울시 동대문구
전농로16길 59

그래그래작은도서관
0507-1460-1237, 김정화, 서울시 구로구
구일로 8길 131 중산빌딩 지하1층

날마다자라는나무
김미선, 서울 광진구 자양번영로4길 8
2층

노원어린이도서관
02-933-7145, 김하야나, 서울시 노원구
한글비석로 346

어린이도서관느티나무
02-3298-0918, 김신아, 서울시 중구
다산로 75 다니엘빌딩 2층

마포작은도서관협의회
02-373-2900, 백현진, 서울시 마포구
월드컵북로 235 대우복지관 3층

무수골도서관
02-3492-0078, 강병석, 서울시 도봉구
도봉로175길 10 3층

생글작은도서관
02-992-7500, 이벽주, 서울시 도봉구
우이천로32길 35

성대골어린이도서관
02-817-6684, 정설경, 서울시 동작구
성대로10길 23

아차산아래작은도서관놀자
02-2272-2011, 박선주, 서울시 광진구
자양로50가길 45 2층

옹기종기작은도서관
070-8118-3474, 백수현, 서울시 강동구
양재대로 1512 이화빌딩 2층

신내데시앙포레 나무그늘도서관
02-3421-1413, 김소희, 서울시 중랑구
신내역로 165 203동 1층

은행나무어린이도서관
02-892-7894, 양기순, 서울 금천구
탑골로 43

청소년도서관 작공
070-7657-1533, 문선미, 서울시 은평구
연서로21길 16 1층

어린이도서관 책읽는엄마책읽는아이
02-2297-5935, 김선호, 서울시 성동구
매봉18길 11

천일어린이도서관 웃는책
02-478-8600, 김자영, 서울시 강동구
구천면로42길 60

초록나라작은도서관
02-956-7956, 김일오, 서울시 도봉구
도봉산3길 92 1층

함께크는우리
02-428-4286, 김설희, 서울시 강동구
고덕로 61길 104 2층

도담도담 작은도서관
02-3421-9686, 김민지, 심현선, 서울시
중랑구 신내역로1길 85 우디안아파트
111동 1층

성북구작은도서관네트워크
02-942-5978, 장동희, 김은하, 서울시
성북구 정릉로36길 76-17

지혜의숲
070-4192-5822, 이명지, 서울시 금천구
시흥대로 90길 27 1층

흥부네그림책도서관
02-2060-1742, 이남지, 서울시 구로구
고척로 1길 30

배고픈사자 작은도서관
02-855-1211, 최재희, 서울시 구로구
오류로 54-3 3층

다온작은도서관
02-474-7009, 노인숙, 서울시 강동구
천중로51길 52 2층

경기북부지부

고양시작은도서관협의회
031-901-3213, 최향숙, 경기도 고양시
일산동구 경의로 318 백마역 2층

뜰안에작은나무 작은도서관
070-8849-1391, 나유진, 부천시 지봉로
122-1 2층

반디작은도서관
031-938-3722, 이은영, 경기도 고양시
덕양구 토당로 78번길 7-20 1층

책놀이터
031-967-8777, 박미숙, 경기도 고양시
덕양구 마상로 108번길 29 2층

청소년책문화공간 깔깔깔
031-901-3213, 최향숙, 경기도 고양시
일산동구 경의로 318 백마역 2층

평화를 품은집 평화도서관
031-953-1625, 홍유리, 경기도 파주시
파평산로389번길 42-19

모당공원작은도서관
070-4244-7442, 김정희, 경기도 고양시
일산동구 중산로 73-2

호수공원작은도서관
031-901-2375, 신현미, 경기도 고양시
일산동구 호수로 595

경기남부지부

꿈&휴작은도서관
031-755-0128, 조은주, 경기도 성남시
중원구 성남대로 1000 성남센트럴타운
308동 지하커뮤니티센터 내 도서관

꿈꾸는달팽이작은도서관
031-792-6289, 유명삼, 경기도 하남시
하남대로778 2층

노을작은도서관
031-683-6742, 김영정, 경기도 평택시
안중읍 현화로서 8길 57 붐붐프라자
205-2

민들레작은도서관
031-722-3336, 임은경, 경기도 성남시
중원구 광명로110번길 12-2 1층

산들마을푸른숲 작은도서관
031-753-6430, 하연서, 경기도 성남시
중원구 여수울로 51

성남작은도서관협의회
031-565-3066, 한은희, 경기도 구리시
건원대로99번길 99 성윤빌딩 3층

책이랑작은도서관
031-732-7004, 박정숙, 경기도 성남시
중원구 박석로 25번길 44-10

태평동작은도서관
031-754-0158, 김진주, 성남시 수정구
성남대로 1258번길 5-13

다문화그림책도서관 토닥토닥
0505-365-4167, 권광선, 김동헌, 경기도
여주시 세종로 14번길 9 3층

푸른어린이
031-464-0815, 이시내, 경기도 안양시
만안구 안양로 360 2층

하늘달팽이도서관
070-8861-0574, 최연희, 경기도 성남시
수정구 양지동471

하늘소도서관
031-552-2288, 이기원, 경기도 남양주시
사릉로 14 2층 201호(금곡프라자)

함께하는마을 작은도서관
신유리, 경기도 평택시 안중읍
안현로서7길 10 지하층

해님달님작은도서관
031-8025-3000, 정은주, 경기도 수원시
팔달구 세지로 334 2층

강원지부

꾸러기어린이도서관
033-253-2135, 이선미, 강원도 춘천시
백령로 214 2층

(재)도서문화재단씨앗 담작은도서관
033-256-6363, 김성란, 강원도 춘천시
효자문길7번길 10

뒤뜨르어린이도서관
070-8237-8754, 강영일, 김자향, 강원도
춘천시 세실로208번길 8-5 1층

스무숲도서관
070-7773-4863, 홍선희, 춘천시 지석로
97 관리사무소 2층

앞짱어린이도서관
033-253-1592, 용금예, 강원도 춘천시
지석로 62 퇴계주공6차 아파트 관리동
2층

꿈마루도서관
033-255-1740, 김동윤, 강원도 춘천시
영서로 2920 (사농현대) 관리동 지하

철암도서관
033-581-7701, 박미애, 강원도 태백시
피내골길 23

인천지부

인천작은도서관협의회
032-766-3092, 손보경, 인천시 동구
송현로17 3층

꿈나무도서관
032-471-6355, 김광원, 한미정, 인천시
남동구 만수서로 37번길 29

늘푸른어린이도서관
032-818-0645, 박소희, 인천시 연수구
샘말로38번길7 3층

자람도서관
032-937-2596, 전민성, 인천시 강화군
양도면 강화남로 666

충청지부

고맙습니다 도담도담작은도서관
043-836-1690, 손정아, 김미란, 충북
증평군 증평읍 초중6길 8 한라비발디
관리동 2층

도토리숲 작은도서관
윤순현, 충북 음성군 생극면 음성로
1627번길 26

범지기마을10단지푸른작은도서관
010-2076-2089, 윤나영, 세종시 달빛로
211

성성푸른도서관
041-568-3457, 박민주, 충남
천안시 서북구 성성6로 111.
천안레이크타운푸르지오 UZ센터

솔멩이골작은도서관
한승주, 충북 괴산군 청천면 이평리 180-1

신백아동복지관 한울타리도서관
043-652-0070, 석진, 충북 제천시
관전로2길 6

배바우작은도서관
043-732-5600, 박정호, 충북 옥천군
안남면 안남로 456

제천기적의도서관
043-644-1215, 강정아, 제천시 용두천로
38길 30

청주시작은도서관협의회
홍승표, 충청북도 청주시 상당구
용암북로 6길 24-27

초록우산어린이도서관
044-715-5570, 안지민, 세종시 조치원읍
신흥샛터 3길 3

초롱이네도서관
043-296-5050, 오혜자, 박춘성, 충북
청주시 상당구 용암북로 4번길 38

호숫가마을어린이도서관
최선웅, 권민정, 대전시 동구 천개동로
33-6

하소아동복지관 내보물1호도서관
043-646-7722, 백영숙, 충북 제천시
용두대로23길 26

대구지부

그나라어린이도서관
053-311-1324, 박성원, 대구시 북구
대천로 85 5층

꿈꾸는마을도서관 도토리
053-327-0645, 신동희, 대구시 북구
구암로 146 3층

마을도서관햇빛따라
070-8821-5234, 김은자, 대구시 서구
북비산로 359 5층

무지개작은도서관
053-587-0675, 김정자, 대구시 북구
관음동 209-7 3층

반야월행복한어린이도서관 아띠
053-961-3307, 김수민, 대구시 동구
율하동로 23길 8-1 2층

어린이청소년도서관 더불어숲
053-326-0937, 원수연, 대구시 북구
학남로 17길 2 해일빌딩 3층

책마실도서관
053-324-0615, 손수정, 대구시 북구
구리로 26 우방하이츠상가 지하

해봄도서관
이향화, 경북 칠곡군 지천면 신리 511-26

경상지부

동화랑놀자
051-819-6150, 허운영, 부산시 부산진구
당감서로 119 2층

마하어린이도서관
055-753-9922, 서시원, 경상남도 진주시
초장로 55 2층

불암동작은도서관
055-336-7879, 장지혜, 경남 김해시
식만로 389-5 선암마을회관 3층

양정작은도서관 달팽이
052-288-3710, 하현숙, 울산시 북구
염포로 521-1

울산북구작은도서관협의회/
아름드리작은도서관
070-4415-1212, 김정숙, 경남 울산 북구
신기3길 19-6 관리동 2층

진주여성회 부설 달팽이어린이도서관
055-761-8803, 055-762-5814, 박혜정,
경상남도 진주시 남강로 1413번길 2 2층

팔판작은도서관
055-312-9822, 신훈정, 경남 김해시
덕정로 68 팔판마을 부영e그린3차
관리동 지하1층

풀빛꽃빛어린이도서관
054-430-2918, 강금, 경북 김천시
부곡맛고을2길 72

광주지부

기아꿈터 어린이도서관
062-370-1811, 이미정, 광주광역시 서구
내방동 700-1 기아스포츠문화센터 3층

강아지똥어린이
062-515-9788, 김태진, 광주광역시 서구
동천로 6 2층

구름다리작은도서관
062-971-7260, 남수정, 광주시 광산구
월계로59 관리동 2층

그림이있는 작은도서관
070-8723-8834, 양애숙, 광주광역시
동구 밤실로 119

소꿉놀이작은도서관
062-385-7789, 조동옥, 광주광역시
서구 금호동 743-3 금호시영 3단지 상가
2층

아이숲어린이도서관
062-652-1279, 문상희, 광주시 서구
풍암2로 2 롯데슈퍼센터 4층

책돌이도서관(어도연광주지부부설)
062-266-7279, 전선예, 광주광역시 북구
우치로 235 3층

책문화공간 봄
062-681-5432, 김순정, 광주시 남구
노대동 송화마을 845번지 카페 디마레
2층

호남지부

삼성동어린이작은도서관
063-834-3612, 최민정, 전북 익산시
부송로 125 삼성동행정복지센터 2층

새싹작은도서관
070-4246-2308, 이경화, 전북 남원시
인월면 인월로 64번지

순천기적의도서관
061-749-8899, 정봉남, 전남 순천시
해룡면 상삼리 기적의도서관 길 60

여우네도서관
041-956-2020, 김명희, 충남 서천군
마서면 신장로 233-27

작은나무도서관
061 743 4071, 곽길여, 전남 순천시
중앙로 46

책마루어린이도서관
063-252-1612, 김경희, 전북 전주시
덕진구 솔내2길 21

하늘을 나는 도서관
061-282-2344, 노소희, 전남 목포시
하당로 68번길 19-1

설문대어린이도서관
064-749-0070, 강영미, 제주도 제주시
신대로10길 48-9

달리도서관
064-702-0236, 윤홍경숙, 제주도
제주시 신성로12길 21-2 2층